Contraste insuffisant

NF Z 43-120-14

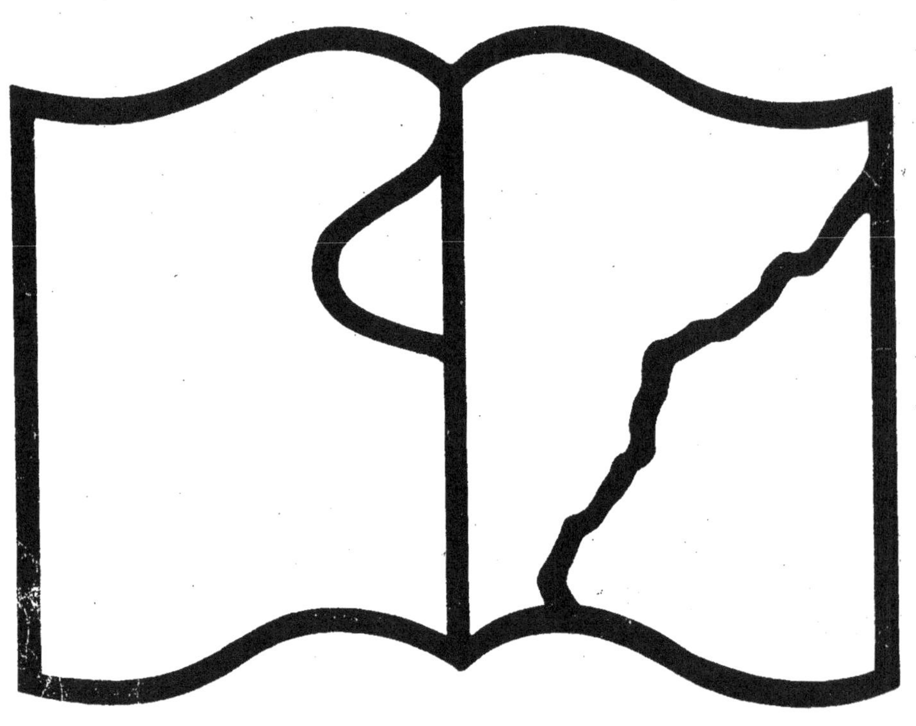

Texte détérioré — reliure défectueuse

NF Z 43-120-11

FROESCHWILLER

SEDAN ET LA COMMUNE

RACONTÉS PAR UN TÉMOIN

LETTRES ET SOUVENIRS

DU GÉNÉRAL Vte ARAGONNÈS D'ORCET

Publiés avec une notice biographique et des notes

PAR

L. LE PELETIER D'AUNAY

Ouvrage orné de gravures et de cartes

Librairie académique PERRIN et Cie

FRŒSCHWILLER

SEDAN ET LA COMMUNE

FRŒSCHWILLER

SEDAN ET LA COMMUNE

LE GÉNÉRAL Vte ARAGONNÈS D'ORCET

(Gaspard-Marie-Stanislas-Xavier.)

1835-1900

FRŒSCHWILLER
SEDAN ET LA COMMUNE

RACONTÉS PAR UN TÉMOIN

LETTRES ET SOUVENIRS

DU GÉNÉRAL Vte ARAGONNÈS D'ORCET

PUBLIÉS AVEC UNE NOTICE BIOGRAPHIQUE ET DES NOTES

PAR

L. LE PELETIER D'AUNAY

Ouvrage orné de gravures et de cartes

PARIS

LIBRAIRIE ACADÉMIQUE

PERRIN ET Cie, LIBRAIRES-ÉDITEURS

35, QUAI DES GRANDS-AUGUSTINS, 35

1910

Il a été imprimé

sur papier de Hollande Van Gelder

A

MADAME LA VICOMTESSE D'ORCET

AVANT-PROPOS

En publiant ce livre, mon désir est avant tout de faire revivre un soldat. C'est, à mon sens, remplir un pieux devoir que de mettre en lumière les hommes qui ont noblement servi leur pays et sont la gloire de leur famille : nous honorons ainsi leur mémoire et nous comblons, dans la mesure du possible, le vide immense que leur disparition a creusé dans le cercle de leurs parents, de leurs amis et de leurs compatriotes.

Lorsque en 1904 je lisais dans un ouvrage du Général Ducrot, publié peu de temps après la guerre de 1870, quelques pages du Général d'Orcet consacrées à la capitulation de Sedan, j'avais déjà pensé qu'il devait exister de lui d'autres souvenirs, mais je ne pouvais pas, à cette époque, disposer des loisirs nécessaires pour entreprendre le travail que je viens de terminer. Quand plus tard je repris cette idée, je m'adressai à Madame la Vicomtesse d'Orcet, qui voulut bien me confier toute une volumineuse correspondance représentant les relations du Général avec les siens pendant plus de quarante années consécutives.

Parmi ces lettres, les unes ayant un caractère tout intime n'offraient d'intérêt que pour la famille, mais elles m'ont été précieuses pour reconstituer la biographie du Général, d'autres se rapportent à une des époques les plus tragiques de notre histoire contemporaine : la guerre de 1870-71 et la Commune, d'autres enfin ont été écrites en Algérie et en Tunisie. Toutes avaient été soigneusement conservées par le père du Général lui-même, M. le Vicomte Xavier d'Orcet.

Grâce aux relations d'affection et de parenté qui unirent la famille du Général à la mienne, grâce aussi à l'obligeance de nombreux proches et amis, j'ai pu facilement et utilement les compléter. Je tiens à exprimer ici à ces aimables collaborateurs l'hommage de ma profonde gratitude.

Puissent-ils retrouver dans ces pages celui qu'ils ont connu et aimé ; c'est la meilleure récompense qu'il me soit permis d'ambitionner d'une œuvre qui a pour seul mérite sa sincérité.

Une autre satisfaction m'est cependant dès maintenant réservée : c'est de penser qu'en ce quarantième anniversaire de l'année terrible, au moment où, de l'autre côté de la frontière, vont bientôt retentir les clameurs de fêtes et le bruit des pompes officielles destinées à célébrer les victoires prussiennes de 1870, ce livre sera comme un modeste souvenir déposé sur la tombe de ceux qui furent les héros vaincus.

Orcet, février 1910.

L. A.

NOTICE BIOGRAPHIQUE

Gaspard-Marie-Stanislas-Xavier-Aragonnès d'Orcet
naquit le 12 mars 1835, au château de Paulhac,
près de Brioude, dans la Haute-Loire, chez sa
grand'mère maternelle, Mme de Miramon. Il descendait d'une vieille famille d'Auvergne, qui fournit
aux villes de Clermont et de Montferrand des élus,
des échevins et des lieutenants criminels, et compte
parmi ses membres des prélats éminents, d'illustres
marins et de vaillants soldats [1]. C'est en 1713 que
les Aragonnès achetèrent la terre d'Orcet, où ils
possédaient déjà des biens importants au commencement du XVIe siècle, et prirent le titre de barons
d'Orcet attaché à ce fief [2]. L'arrière-grand-père de

---

1. Un aïeul direct de Stanislas fut maréchal des batailles
et annobli en 1647 par Louis XIV pour ses bons et beaux
services militaires ; parmi ses grands-oncles, l'un fut évêque
de Langres, un autre servit dans la marine de Louis XVI et
se distingua pendant la guerre d'Amérique sous les ordres du
comte d'Estaing.

2. Orcet est le chef-lieu d'une commune de 700 habitants,
située à environ 12 kilomètres de Clermont-Ferrand près de
la route de Clermont à Issoire et sur la limite méridionale de
la Limagne. Orcet eut très anciennement un prieuré dépen-

Stanislas et son grand-père servirent avec distinction dans la marine et furent chevaliers de Saint-Louis. Son père, Xavier–Hercule vicomte d'Orcet, fut quelque temps magistrat, mais il donna sa démission en 1830. Il épousa en 1834 Victorine-Adélaïde de Cassagne de Beaufort de Miramon, issue d'une des plus anciennes familles de la Haute-Auvergne et dont la mère, veuve du Comte Gaspard de Miramon, habitait le château de Paulhac[1]. Ses grands-oncles n'ayant pas eu de descendants mâles, Stanislas d'Orcet était ainsi le dernier du nom.

Il trouvait dans sa famille d'utiles exemples et de nobles traditions, il les a suivis et les a continués. Il avait six ans à peine lorsqu'il perdit sa mère, morte en couches à Paris au mois de février 1841. Enlevée en pleine jeunesse et en plein bonheur, Mme d'Orcet avait vu venir la mort avec une sérénité d'âme et un esprit de sacrifice admirables. Quelques moments

---

dant de l'abbaye de Mauriac (Cantal). Bertrand de la Tour d'Auvergne et Guillaume VII, comte de Clermont, avaient fortifié Orcet d'une enceinte défendue au couchant par un château. Il ne reste de cette enceinte qu'une poterne dite porte des fossés, et de l'ancien château, qu'un portail surmonté de mâchicoulis et flanqué de deux tourelles, et un pavillon carré propriété de Madame la vicomtesse d'Orcet.

1. Madame de Miramon était née Claire-Louise de Vauchaussade de Chaumont. Enfermée avec sa mère, pendant la Révolution, dans les prisons de Nantes, elle faillit périr dans les noyades de Carrier. Elle fut sauvée au 9 thermidor et épousa par la suite le comte Gaspard de Miramon, l'un des plus brillants représentants de la vieille noblesse à la cour de Napoléon Iᵉʳ.

avant de rendre le dernier soupir, elle avait demandé ses deux enfants, que l'on amena auprès de son lit. Elle dit à son fils : « Je te bénis, mon fils, sois toujours un bon chrétien, sois la consolation de ton père. Adieu. »

La jeunesse de Stanislas se passa en partie à Paulhac, en partie dans la propriété de Beaumont, que son père possédait en Bourbonnais, près de Saint-Gérand-le-Puy, en partie à Orcet même. Son unique sœur, Claire-Clotilde-Louise-Marie, plus jeune que lui de deux ans, devint plus tard Mme du Verne, et mourut prématurément en 1887 emportée par une cruelle maladie. La première éducation du jeune homme se fit presque entièrement sous les yeux de sa tante, Mlle Célina d'Orcet, par les soins d'un précepteur, M. l'abbé de Farges, qu'il affectionnait particulièrement. A cette époque, M. le vicomte d'Orcet se trouvant fréquemment retenu au loin ou obligé de voyager pour ses affaires, il s'établit entre le père et le fils une correspondance très suivie où se manifeste une tendre affection réciproque qui ne se démentit pas un seul instant durant toute leur vie. Stanislas tenait son père au courant de sa vie journalière et lui parlait, en entrant dans les plus petits détails, de ses études et de son éducation physique qui n'était pas négligée. Pendant ses séjours à Orcet, il dut bien souvent, comme nous l'avons fait nous-mêmes dans notre enfance, escalader les coteaux couverts de vignes des environs et cette montagne de Gergovia qui fut autrefois le théâtre d'un des plus beaux faits d'armes de notre histoire nationale : la défaite des légions de César par les soldats de Vercingétorix. Peut-être même la vocation du futur général s'affirma-t-elle pendant ces promenades, au souvenir de cette page glorieuse de nos annales auvergnates[1].

De 1850 à 1852, Stanislas d'Orcet fut élève au petit séminaire d'Iseure, dirigé par les Pères Jésuites, près de Moulins, dans l'Allier, et il compta parmi les meilleurs de sa classe. En 1852 M. le vicomte d'Orcet l'envoya à Paris, pour préparer ses examens dans une institution que dirigeait un de ses amis. Deux ans après il était reçu à son baccalauréat et se préparait à affronter le concours de Saint-Cyr.

A cette époque nos troupes combattaient en Crimée ; comme bien on pense, les nouvelles de la campagne n'étaient pas sans intéresser vivement les jeunes candidats officiers. Stanislas écrivait à son père le 16 mars 1854 :

« Rien n'est moins probable que la paix à l'heure qu'il est. C'est pour vous dire que la promotion de cette année sera loin d'être diminuée et que j'ai l'espoir de trouver encore des coups de fusil à la sortie

---

1. D'après l'opinion de presque tous les historiens, en particulier celle de Camille Jullian, le camp de César sous Gergovie était établi tout près d'Orcet sur une colline située au nord-ouest du village ; une pierre avec inscription en marque l'emplacement. Voir : *Histoire de la Gaule* et *Vercingétorix,* par Camille Jullian.

de Saint-Cyr ; la Garde est partie, la Gendarmerie
part sous deux jours, les Guides ont reçu leur solde
de campagne et ont passé la revue de départ; tout
annonce donc une guerre terrible, et je crois que
c'est le moment le plus favorable pour entrer au service. »

Stanislas entrait à l'École spéciale militaire de Saint-
Cyr le 3 novembre 1855. Il en sortait le 1er octobre
1857 et était nommé sous-lieutenant au 1er carabiniers. Peu de temps après il rejoignait son régiment
à Versailles ; sa carrière commençait sous d'heureux
auspices. « Mon régiment, écrivait-il, est le plus
charmant des régiments, j'y ai été reçu à bras
ouverts et je me félicite chaque jour d'y être. » Cavalier dans l'âme, il aimait passionnément les chevaux.
Déjà, pendant les congés qu'il avait passés, comme
Saint-Cyrien, au château de Beaumont, il disait à son
père :

« Je ne voudrais pas monter sur un cheval réformé
pour rien au monde ; si vous me trouvez un cheval
difficile, achetez-le-moi pour m'exercer. »

Un peu plus tard, en 1862, le sous-lieutenant
d'Orcet prenait part à un steeple-chase qui se courut
au camp de Châlons, en présence de Napoléon III, et
il reçut par l'intermédiaire de Fleury les félicitations
de l'Empereur, sur la façon dont il avait conduit la
course.

Au régiment, l'affabilité du jeune officier et son
noble caractère avaient conquis toutes les sympathies

et lui avaient attiré l'affection de son colonel, le duc de Lesparre. Celui-ci eut d'ailleurs en 1865 l'occasion de lui témoigner cet intérêt. En effet, lorsque, par suite d'une réduction d'effectif, on forma avec les deux régiments de carabiniers le régiment des carabiniers de la Garde, le colonel de Lesparre, en prenant le commandement de ce nouveau régiment, enmena avec lui à Melun le lieutenant d'Orcet ainsi que plusieurs autres de ses officiers[1].

Mais le succès du turf et la vie de garnison ne suffisaient pas à Stanislas d'Orcet. Nommé lieutenant en 1863, il avait demandé, sans succès, à servir au Mexique, où combattaient alors nos troupes, et il renouvela peu de temps après sa démarche pour un régiment d'Afrique, sans l'obtenir davantage. Au moment de la campagne de 1866 entre la Prusse et l'Autriche, alors que l'on craignait des complications, il écrivait en parlant de la guerre : « Je la crains pour mon pays, tout en m'en félicitant pour moi-même. »

Quatre ans plus tard, ses désirs belliqueux allaient être exaucés. Nommé capitaine au 4e régiment de cuirassiers le 3 mars 1869, il racontait ainsi à son père son arrivée dans son nouveau régiment :

1. En 1865, en effet, on supprima, par raison d'économie, 221 compagnies d'infanterie, 40 escadrons, 16 batteries montées ou à cheval, 22 batteries à pied, 5 compagnies du train d'artillerie, 2 compagnies du génie ; sans parler de la gendarmerie, du train des équipages et d'autres corps ou services accessoires (Lehaucourt, *La Guerre de 1870-71*).

VIEILLE PORTE DE L'ANCIEN CHATEAU D'ORCET

(D'après une photographie.)

« J'ai fait mon entrée dans mon nouveau régiment par un soleil splendide ; sera-t-il pour moi comme le soleil d'Austerlitz, le présage d'un heureux avenir ? Je le souhaite, sans trop l'espérer. » La haute estime dans laquelle le tenaient ses chefs, pouvait cependant le rendre plus confiant. Voici, en effet, les notes que lui avait données aux carabiniers le lieutenant-colonel de la Filolie : « M. d'Orcet (G.-Marie-Stanislas), officier très complet — bonne tenue — conduite et principes très bons — caractère chevaleresque, noble, loyal, très dévoué — cœur parfait — très instruit — est chargé de diriger les écoles et s'acquitte de ces fonctions avec le plus grand succès et un zèle digne d'éloges — Instruction littéraire étendue et variée — Instruction théorique et pratique très bonne — commande bien sur le terrain — très bon et vigoureux cavalier — très recommandable et méritant à tous égards — officier d'avenir — excellent et sûr pour ses amis — dévoué à ses chefs et à son devoir. » Grâce à ces excellentes notes, M. d'Orcet avait été choisi plusieurs fois pour des missions spéciales. Déjà en 1866, il avait obtenu les éloges du général de Fénelon auprès duquel il avait été détaché comme officier d'ordonnance et qui cependant était réputé pour son exigence et sa sévérité.

En juin 1869, le capitaine était de nouveau choisi par le général Foray, président du Comité de cavalerie, pour l'accompagner dans son inspection géné-

rale. L'année suivante, il allait avoir d'autres occasions de se distinguer, cette fois-ci sur le champ
de bataille. Les lettres écrites pendant la guerre de
1870-71, et reproduites plus loin, nous permettront
de le suivre presque jour par jour, dans les étapes
de cette dure et pénible campagne.

Il assista le 6 août avec son régiment à la bataille
de Frœschwiller et chargea à Elsasshausen, à la
tête de son escadron ; il fit la retraite et ensuite la
campagne de l'armée de Châlons, prit part à la
bataille de Sedan le 1er septembre et fut emmené en
Prusse à Stettin, comme prisonnier de guerre ; il y
resta du 13 septembre 1870 au mois d'avril 1871. A
peine rentré de captivité, le capitaine d'Orcet prenait
part dans l'armée de Versailles à la répression de la
Commune.

Les excellents services qu'il rendit pendant la
guerre et sa conduite à Frœschwiller et à Paris lui
valurent d'abord la croix de la Légion d'honneur
puis l'inscription au tableau d'avancement pour le
grade de chef d'escadrons.

Mais il semble que les tristesses et les désillusions de la défaite aient produit sur lui une impression tellement profonde, que son caractère s'en
trouva modifié. A partir de cette époque, Stanislas
d'Orcet, qui avait tout lieu cependant d'espérer une
brillante carrière, se montre, dans ses lettres, désa-
busé et très pessimiste pour tout ce qui concerne
l'avenir de la France. Il sert toujours néanmoins

avec le même zèle, et son colonel lui donne en 1875 les notes suivantes :

« Officier très instruit, remarquablement fort comme service en campagne, propre à remplir tous les emplois — à employer particulièrement dans les circonstances difficiles ou dangereuses. »

Cette même année, il était nommé chef d'escadrons et affecté comme major au 10ᵉ régiment de cuirassiers à Angers. Cet emploi ne convenait guère à son activité, toutefois il écrivait philosophiquement : « Il est rare, dans la vie en général, et dans mon métier en particulier, qu'on fasse toujours ce qui plaît le mieux. J'ai pris l'habitude d'accepter ce qui m'arrive et de penser que c'est toujours pour mon bien. »

Il constate d'ailleurs qu'il « prend plus volontiers la plume épistolaire que la plume administrative ». Mais il « retrouve au 10ᵉ cuirassiers le bon temps des carabiniers » et se met courageusement à la besogne.

Son stage de major terminé, il était nommé au 2ᵉ cuirassiers à Commercy avec l'emploi de chef d'escadrons et choisi comme chef d'état-major du général d'Hauteville. Toujours philosophe, il écrivait à son père :

« J'ai eu jadis de l'ambition, j'en suis guéri complètement aujourd'hui et je m'en félicite ; mieux vaut, comme dit la devise du maréchal de Castellane, « plus d'honneur que d'honneurs » ; comme compensation, et je la trouve bien large, j'ai reçu des marques flatteuses d'intérêt de chefs que j'honore, entre autres du maréchal de Mac-Mahon. » En 1880 le désir de faire campagne décida le commandant d'Orcet à demander un régiment d'Afrique, et il était nommé peu après lieutenant-colonel au 4e chasseurs d'Afrique. Une longue et cruelle maladie ne lui permit de rejoindre son régiment à Mascara, dans la province d'Oran, qu'au mois d'octobre 1881. Il y tint garnison jusqu'en juin 1882 et fut ensuite envoyé en détachement en Tunisie, à la Manouba. Enfin, il était nommé à la fin de la même année adjoint au commandant de la subdivision de Gabès, puis un an après, commandant supérieur du cercle de Gafsa. Les lettres qu'il écrivit pendant cette campagne et dont quelques-unes sont reproduites dans ce volume sont remplies de descriptions charmantes et d'aperçus intéressants sur la politique tunisienne, au commencement de l'occupation. Dans les postes difficiles qu'il occupa, il avait acquis toute l'estime de ses supérieurs. Le colonel de la Rocque, sous les ordres duquel il servit à Gabès, lui écrivait un jour : « Vous avez bien pris en main votre besogne, cela va très bien et cela ira de mieux en mieux lorsque vous aurez, et cela ne peut vous manquer, la confiance personnelle des indigènes. » Le lieutenant-colonel d'Orcet reçut d'ailleurs rapidement la récompense de ses bons services. Le 30 décembre 1884 il était nommé colonel du 11e dragons qui venait d'être envoyé de Montauban à Tarascon, et six ans plus tard, il recevait les étoiles de général de brigade et le commandement de la brigade de cavalerie du 14ᵉ corps à Valence.

Il a laissé dans ces garnisons le souvenir d'un chef énergique, bienveillant et aimé de tous. Il était même mieux que cela, si l'on en juge par l'anecdote suivante que nous a racontée l'un de ses anciens officiers d'ordonnance et qui mérite d'être rapportée :

Le général de Kermartin, directeur de la Cavalerie en 1889, descendait un jour l'escalier du ministère pour rentrer chez lui, lorsqu'il vit le colonel d'Orcet monter les marches tout affairé et agité. Il lui demanda à qui il en voulait : « C'est honteux, dit le colonel d'Orcet, je viens d'apprendre que le colonel X... va prendre sa retraite sans être nommé officier de la Légion d'honneur, grade pour lequel il est proposé, mais que son rang sur le tableau ne lui permet d'obtenir qu'à la prochaine nomination[1]. Or, moi, d'Orcet, je vais être nommé. Je viens donc proposer au ministre de renoncer à ma nomination au bénéfice du colonel X... — Tu le connais, reprit le général de Kermartin ? — Nullement. » Alors le général de Kermartin alla raconter le fait à M. de Freycinet, ministre de la Guerre, et celui-ci lui répondit, en parlant du général d'Orcet : « C'est un brave

---

[1]. Le colonel en question avait dû prendre sa retraite par suite d'une maladie de cœur.

homme, ils seront nommés tous les deux. » Ce qui fut fait.

Le général d'Orcet venait d'être nommé depuis quelques mois à Sainte-Menehould lorsqu'il épousa, le 20 juin 1891, Mademoiselle Anne de Soultrait, issue d'une des meilleures familles de la Nièvre. Pendant sa longue et brillante carrière militaire, il n'avait pas laissé que d'être pressenti bien des fois pour des mariages par les nombreux parents ou amis qui s'intéressaient à lui, mais il avait toujours repoussé leurs avances parce qu'il n'avait pas trouvé dans les partis qui lui étaient offerts les qualités de cœur et d'esprit qu'il désirait rencontrer dans une semblable union.

C'est à cette même époque qu'il eut la douleur de perdre son père. Cette mort fut pour lui, comme celle de sa sœur, Madame de Verne, une épreuve d'autant plus cruelle qu'il est rare de trouver entre deux hommes un lien plus étroit, une si parfaite communauté d'idées et de sentiments et une aussi complète entente[1].

Le général termina sa carrière à Lyon, à la tête de ces régiments de cuirassiers que vingt-sept ans

---

1. M. le vicomte d'Orcet s'éteignit à Orcet en 1892, à l'âge de 89 ans, jouissant encore de la plénitude de ses facultés. Je me rappelle ce digne vieillard qui venait presque chaque jour visiter ma grand-mère paternelle, sa contemporaine. Ils devisaient ensemble du passé et tel était leur attachement aux vieilles idées qu'ils voyaient tous les deux l'avenir sous les couleurs les plus sombres.

plus tôt il conduisait à la bataille de Frœschwiller et à Sedan.

Placé dans la section de réserve le 12 mars 1897, il se retira à Retz dans la propriété que possédait Madame la Vicomtesse d'Orcet, près de Dornes dans la Nièvre[1].

Bien que les notes qui précèdent et les lettres qui suivent soient largement suffisantes pour faire ressortir le caractère tout entier du général d'Orcet, je ne voudrais pas, sans en dire quelques mots encore, terminer cette courte biographie.

Au physique, Stanislas d'Orcet était d'une tournure élégante et élevée. A son retour d'Afrique, il avait pris quelque embonpoint, mais sa taille avait retrouvé, par la suite, la sveltesse de ses jeunes années ; les traits fins et réguliers de son visage décelaient la noblesse de son origine. Ses sourcils parfois légèrement froncés et une assez forte moustache donnaient à sa physionomie une expression énergique, tempérée par la douceur du regard souvent grave et pensif.

Issu d'une longue lignée d'ancêtres qui furent des gens de robe ou des soldats, il avait hérité des uns

---

1. C'est là qu'en septembre 1898, lors des manœuvres d'armées que nous faisions dans la région, j'allais, jeune sous-lieutenant, présenter mes respects au général et à Mᵐᵉ la Vᵗᵉ d'Orcet. Il voulut bien m'inviter à sa table et me reçut avec son affabilité et sa bonté coutumières. J'ai conservé de cette réception un souvenir d'autant plus reconnaissant que je ne devais plus revoir le général, emporté deux ans après par une courte maladie.

ce caractère ferme, ce patriotisme ardent et cette bravoure calme qui firent de lui un vrai militaire. Il tenait des autres cet esprit fin et éclairé, ces manières distinguées qui s'étaient encore développés par l'excellente éducation qu'il avait reçue. Enfin les femmes de mérite et de haute intelligence qui comptaient parmi ses aïeules lui avaient transmis une sensibilité tendre et une bonté inépuisable.

L'on peut dire que sa grande et sa petite patrie, la France et l'Auvergne, avaient imprimé sur lui leur sceau caractéristique pour en faire une nature vraiment d'élite.

Très attaché à la monarchie légitime par ses traditions de famille et ses convictions personnelles, le général d'Orcet n'en, conserva pas moins une correction absolue vis-à-vis de deux gouvernements qu'il n'approuvait point, et lorsqu'en 1871, le gouvernement de M. Thiers eut besoin de tous les courages et de tous les dévouements pour réprimer l'émeute de la Commune, à peine rentré de captivité, il vint loyalement mettre son épée à sa disposition.

Profondément religieux, il pratiqua son devoir de chrétien, simplement, sans ostentation, mais avec une rare ponctualité pendant toute sa vie. C'est pendant un pieux voyage qu'il trouva la mort :

L'année du jubilé de Léon XIII en 1900, le général avait entrepris avec Madame d'Orcet le voyage de Rome. Trois jours après son arrivée dans la Ville éternelle, il fut pris d'un crachement de sang, d'où débuta la maladie dont il ne devait pas se relever.

Pendant six semaines on tenta vainement de le sauver. Il conserva toute sa lucidité, priant sans cesse, se résignant à ses souffrances et répétant tout le temps : « Que je vive ou que je meure, que la volonté de Dieu soit faite ! » Il s'éteignit le 18 mai, entouré de sa femme et de son plus jeune beau-frère, M. de Soultrait. Son corps fut ramené en France, pour être inhumé dans la chapelle mortuaire de la famille de sa femme dans la commune de Toury-Lurcy, près de Retz, où il avait passé les dernières années de sa vie. C'est là que ses nombreux parents et une population tout entière attristée et recueillie sont venus lui rendre les derniers devoirs. M. le général de Boysson, commandant le 13e corps d'armée, son camarade de promotion et son ami, prononça sur sa tombe les paroles les plus émouvantes qu'il nous ait jamais été donné d'entendre auprès d'un cercueil.

Elles auraient eu leur place ici, mais, parties du cœur même du général de Boysson, elles ne furent jamais écrites. Celui-ci devait être lui-même cruellement ravi à l'armée quelques mois plus tard par un terrible accident. Qu'il me soit permis de réunir ici, dans une même pensée, ces deux vaillants soldats dont la vie militaire peut être proposée en exemple aux générations d'officiers, présentes et futures.

Le général d'Orcet ne laissant pas d'enfants, avec

lui disparaissait le dernier héritier d'une famille qui avait été cependant, à la fin du XVIIIᵉ siècle, florissante et nombreuse. Ses traditions se perpétuent toutefois dans les nombreuses maisons avec lesquelles elle contracta des alliances et dont plusieurs sont encore actuellement représentées en Auvergne et dans les régions avoisinantes [1].

1. Les Aragonnès étaient alliés aux du Ligondès, Pelissier de Féligonde, de Miramon, Teilhard, de Parade du Saulzet, de Champflour, de Cisternes de Vinzelles, Besseyre des Hors, de Laire, de Ribeyre, de Clerval, de Réclesne, du Verne, de Soultrait, etc.

ÉTATS DE SERVICES DU GÉNÉRAL ARAGONNÈS D'ORCET
(GASPARD, MARIE, STANISLAS, XAVIER)

Né le 12 mars 1835 à Paulhac (Haute-Loire).

Ecole spéciale militaire,		25 octobre	1855
1ᵉʳ régiment de carabiniers,	s.-lieutᵗ	1ᵉʳ octobre	1857
— —	lieutᵗ	17 janvier	1863
Carabiniers de la Garde Impériale,	—	1ᵉʳ janvier	1866
4ᵉ régiment de cuirassiers,	capitaine,	3 mars	1869
10ᵉ — —	major,	31 janvier	1875
2ᵉ — —	chef d'escadᵒⁿˢ	19 février	1878
4ᵉ régiment de chasseurs d'Afrique,	lieutᵗ-colonel,	28 février	1881
11ᵉ régiment de dragons,	colonel,	30 décembre	1884
Commandant par intérim la brigade de cavalerie du 14ᵉ corps d'armée,	—	24 mai	1889
Maintenu à titre définitif dans ce commandement,	gᵃˡ de brigᵈᵉ	12 juillet	1890
Commandant la 5ᵉ brigade de cuirassiers (4ᵉ division de cavalerie),	—	20 janvier	1891
Id. (6ᵉ division de cavalerie),	—	11 septembre	1893

2

Placé dans la section
   de réserve,   —   12 mars   1897
   Décédé à Rome le   18 mai   1900

Campagnes

Contre l'Allemagne, du 6 août 1870 au 5 avril 1871.
(En captivité du 2 septembre 1870 au 5 avril 1871).
   Intérieur, du 27 avril au 7 juin 1871.
   Algérie,   du 5 octobre 1881 au 4 juillet 1882.
   Tunisie,   du 5 juillet 1882 au 20 octobre 1884.

Citations

Cité dans l'ordre du jour de M. le général de Ladmirault, commandant le 1er corps d'armée devant Paris,
en date du 5 juin 1871, comme un des officiers signalés
pour s'être particulièrement distingués dans toutes les
opérations du siège.

Décorations

Chevalier de la Légion d'honneur, le 20 août 1870
Officier   —   —   —   le 8 juillet 1889
Commandeur   —   —   le 29 déc. 1896
Médaille Coloniale (Tunisie).
Commandeur de l'ordre du Nicham-Iftikar, le 9 mars
1883.
Décoré de l'ordre Impérial de Saint-Stanislas de Rus-
sie en 1867.

         Fait à Paris, le 30 janvier 1909.
             Le général chef de Cabinet,
                Signé : TOUTÉE.

PREMIÈRE PARTIE

LA GUERRE DE 1870-71 ET LA COMMUNE

FRŒSCHWILLER

SEDAN ET LA COMMUNE

RACONTÉS PAR UN TÉMOIN

CHAPITRE PREMIER

LE DÉBUT DE LA CAMPAGNE

Le 15 juillet 1870, le conseil des ministres réuni dans la matinée, l'Empereur et l'Impératrice présents, décidait à l'unanimité la guerre avec la Prusse. La renonciation du prince Léopold de Hohenzollern au trône d'Espagne, arrivée le 12 de Sigmaringen, avait fait espérer un moment que la paix pourrait être maintenue ; mais le 13, M. de Bismarck rendait la rupture inévitable en falsifiant la dépêche d'Ems, et en faisant croire ainsi à toute l'Europe que le roi Guillaume refusait de recevoir notre ambassadeur. Dès le 14 au soir, les ordres d'appel des réserves et les premiers ordres de mobilisation furent expédiés aux troupes par le ministre de la guerre. Le capitaine d'Orcet se trouvait alors depuis le mois de mai au camp de Châlons avec le 4e cuirassiers, pour des manœuvres et l'inspection générale. Il servait comme capitaine en second au 1er escadron de ce régiment.

Il annonçait ainsi à sa sœur madame du Verne la nouvelle de son prochain départ :

« Camp de Châlons, 15 juillet 1870.

« CHÈRE PETITE SŒUR,

« Le tambour bat, le clairon sonne », comme dit la chanson. Hier nous étions à la paix, et aujourd'hui une division d'infanterie a reçu l'ordre de départ à midi, la deuxième à trois heures. Elles partent en chemin de fer, cette nuit. Nous avons reçu l'ordre de nous tenir prêts à partir en deux heures. C'est un mouvement et un bruit inexprimables, ce ne sont que chants de guerre, cris, adieux aux amis qui passent devant notre front de bandière se rendant à la gare, ordonnances portant des plis au grand galop, fourgons allant chercher des cartouches à la poudrière, chariots apportant les ustensiles de campagne; et à tout ce bruit inaccoutumé, les chevaux s'étonnent et mêlent leurs hennissements à tout ce brouhaha; on dirait qu'ils sentent la guerre. Nous faisons tous nos cantines, mais pourtant, il en est qui se sentent un peu tristes, ceux particulièrement qui sont mariés, mais moi, je serais complètement heureux si je pouvais vous embrasser tous. Aussi, ne pouvant le faire, j'ai voulu t'écrire cette petite lettre qui te donne une preuve que, quelles que soient les préoccupations du moment, je n'oublie jamais ceux que j'aime, et tu sais que Charles et toi, vous êtes au premier rang de mes affections.

« Si cette lettre est courte, tu sais que mon affection est grande et profonde et tu m'excuseras, car je t'écris au milieu des caisses que l'on cloue, des ordres qui se croisent à chaque instant, et je suis pressé par l'heure. J'embrasse tendrement mes petits neveux, fais-leur faire de temps en temps une petite prière pour leur oncle.

« STANISLAS. »

Le même jour, le capitaine d'Orcet adressait à son père le même adieu militaire, dans une lettre dont nous ne citons que ce qui nous paraît compléter la première :

« MON CHER PÈRE,

« Je vous écris à la hâte quelques lignes d'adieu, éprouvant dans cette solennelle circonstance le besoin de vous assurer une fois de plus et tout mon dévouement filial et toute mon affection la plus profonde.

« La nouvelle est venue nous surprendre comme un coup de foudre. Hier encore à 6 heures du soir, nous ne comptions plus sur la guerre, et l'ardeur belliqueuse des premiers jours était tombée à plat. On regrettait presque de s'être monté l'imagination pour rien. Ce matin même il devait y avoir une grande manœuvre, elle a été décommandée pendant la nuit, et il a régné toute cette nuit une attente fiévreuse. A midi, de grands cris se sont élevés à un kilomètre de nous. C'était la 1re brigade de la 1re division qui recevait l'ordre de départ ; une heure après, la 2e brigade recevait le même ordre et courait au magasin de campement chercher les ustensiles de campagne ; à l'heure où je vous écris, la 2e division vient de recevoir son ordre de route.

« L'artillerie vient d'achever de charger ses caissons à la poudrière qui est derrière nos bivouacs. Les fantassins ont reçu 90 cartouches par homme. Pour nous, nous avons reçu l'ordre de nous tenir prêts à partir au premier instant ; en deux heures, nos bivouacs seront vidés.

« Je ne vous recommande pas de prier pour moi, car je sais bien que vous le ferez, je voudrais une messe à Notre-Dame des Victoires. Adieu, encore, je vous embrasse du fond du cœur.

« STANISLAS. »

En même temps, il écrivait quelques lignes à son oncle, M. Hercule d'Orcet :

« Bien cher oncle,

« Je vais partir pour la guerre, dès demain je serai entré en campagne. Je ne veux pas me mettre en route sans t'écrire deux mots, pour t'informer de ce qui arrive à ton neveu, au dernier représentant de ton nom. Je pars enchanté d'avoir l'occasion de servir mon pays, et je m'efforcerai de faire aussi bien que mon grand-père et mon arrière-grand-père.

« Je te serais reconnaissant de faire une petite prière pour moi, afin que je ne revienne pas trop éclopé, ou que, si je dois rester à la bataille, je meure en chrétien et en bon gentilhomme.

« Sur ce, très cher oncle, je t'embrasse en neveu bien affectionné.

« Stanislas. »

« Camp de Châlons, 16 juillet 1870.

« Bien cher et aimé père,

« Nous ne sommes pas encore partis, mais nous attendons d'un instant à l'autre l'ordre du départ; nos selles sont paquetées et nous pouvons partir dans une demi-heure.

« Impossible de venir vous embrasser et vous demander votre bénédiction, comme je l'aurais désiré. Il vaut mieux que vous ne veniez pas ici, car vous courriez les plus grandes chances d'arriver trop tard ; et puis, je vous avoue que je craindrais de vous voir vous attendrir au moment de monter à cheval, pour le cas où vous arriveriez assez tôt pour cela ; il est douloureux de partir pour longtemps peut-être, sans pouvoir embrasser ceux que l'on aime, mais c'est une des exigences du métier auxquelles il faut se résigner. Pour ma lorgnette-jumelle, ne regardez pas à vingt francs de plus, qu'elle soit très bonne ; n'oubliez pas son étui pour la porter ; je joins à cela une deuxième commission, un bon foulard. Troisièmement commandez chez Lepage quatre pistolets-revolvers pareils à celui qu'il m'a vendus. Je comptais d'abord vous prier de me les envoyer avec ma lorgnette, mais je viens d'apprendre que je pourrai venir passer la journée de lundi avec vous ; que tous les objets soient donc prêts pour que je puisse les emporter avec moi lundi soir.

« Adieu, ou plutôt à bientôt, bien cher père, et en attendant je vous embrasse du fond du cœur.

« STANISLAS.

« Je vous envoie le diplôme de ma décoration de Russie[1]. »

La déclaration de guerre fut remise au gouvernement prussien le 19 juillet par M. Le Sourd, chargé d'affaires à Berlin.

Tandis que les cinq corps de l'armée du Rhin se réunissaient sur la frontière en un long cordon depuis Huningue jusqu'à Sierk avec la Garde et la réserve d'artillerie à Nancy et le 6e corps au camp de Châlons, la réserve de cavalerie se concentrait à Lunéville et à Pont-à-Mousson.

Cette réserve était composée de trois divisions.

La 1re division, sous le commandement du

---

1. Le capitaine d'Orcet avait été décoré en 1867 de l'ordre impérial de Saint-Stanislas de Russie, à la suite de l'attentat Bérézowski contre le Czar.

général du Barrail ; 16 escadrons de chasseurs d'Afrique.

La 2ᵉ division, sous les ordres du général de Bonnemains : 1ʳᵉ brigade, général Girard, 1ᵉʳ et 4ᵉ cuirassiers ; 2ᵉ brigade, général de Brauer, 2ᵉ et 3ᵉ cuirassiers.

La 3ᵉ division, commandée par le général de Forton, 8 escadrons de cuirassiers et de dragons.

Le 4ᵉ cuirassiers partait le 20 juillet du camp de Châlons pour rejoindre la division de Bonnemains à Lunéville.

Pendant la route, le capitaine d'Orcet devança la colonne pour faire le logement. Suivons-le pendant ces étapes :

« Clermont-en-Argonne, 20 juillet 1870.

« BIEN CHER PÈRE,

« C'est de la mairie de Clermont que je vous écris ces quelques lignes. Je profite pour cela d'un moment où le maire a suspendu notre travail de logement. Quand j'en aurai le temps, je vous écrirai comme je le fais aujourd'hui, soit à Marie, soit à vous, et vous vous communiquerez mes lettres.

« Je suis arrivé au camp de Châlons hier à 4 h. 1/2 du matin et je me suis immédiatement insinué dans mes cuirasses pour partir. Ces deux nuits blanches consécutives ne m'ont pas fatigué, malgré une chaleur terrible qui s'y ajoutait. J'ai seulement dormi sur mon cheval en montant deux ou trois côtes au pas.

« Ma première étape a été un pauvre village, parmi les pauvres villages de la pouilleuse Champagne. J'ai couché dans une maison en construction, au rez-de-chaussée, dans une chambre où pour fenêtre j'avais une persienne. Nous ne bivouaquons pas dans cette route, comme nous l'avions d'abord pensé ; on nous loge comme on peut chez l'habitant, qui, du reste, fait tout ce qu'il peut. Ce matin, en traversant Sainte-Menehould, j'ai trouvé plus de 6oo personnes attendant sur la place le passage du 1er cuirassiers qui voyage sur la même route que nous. On les attendait avec des brocs de vin et des verres. A mon arrivée, j'ai été acclamé par les cris de : « Vive le 4e cuirassiers ! » puis le maire m'a présenté un verre de champagne et a bu à ma bonne chance et à la mort des Prussiens. La foule fêtait mes hommes pendant les deux minutes que je leur ai accordées. Après Sainte-Menehould, au moment où je traversais le fameux col des Islettes, une vieille femme s'est arrêtée sur le bord de la route, a fait un signe de croix et nous a dit : « Que Dieu vous bénisse et vous protège, mes braves enfants ! » Ces paroles m'ont ému, et, comme j'ai vu mes hommes émotionnés, j'ai crié : « Au trot ! » Ici, nous sommes reçus à bras ouverts.

« Le bruit court que la Russie se met de la fête contre nous [1], mes hommes accueillent

1. « Depuis le règne de Nicolas Ier, l'entente était en effet complète entre les deux cours de Berlin et de Saint-Pétersbourg. Autant que les liens de famille, ceux du passé les attachaient l'une à l'autre. » (Lehaucourt, *Histoire de la guerre 1870-71.*) De plus, on nous gardait quelque rancune à Saint-Pétersbourg des sympathies exprimées en France pour les Polonais lors de l'insurrection de 1863.

« En 1870, les antipathies mal dissimulées que l'Empereur nourrissait contre la France de la Révolution et de l'Empire sont encore avivées par la persuasion où il est que nous serons vainqueurs. A la veille de la rupture il s'est rencontré à Ems avec le roi de Prusse et a, sans doute, échangé avec lui des vues sur les éventualités, peut-être des promesses. Le 18 juillet, le général Fleury, ambassadeur à Saint-Pétersbourg, fait nettement prévoir une intervention russe, si l'Autriche prend part à la guerre. »

(Lehaucourt.)

la nouvelle en riant. « Plus on est de fous, disent-ils, plus on rit » ; d'autres disent : « Ils arriveront quand nous aurons battu les Prussiens ; tant mieux, la partie durera plus longtemps. » Je vous donne ces détails pour vous faire apprécier les sentiments qui règnent dans l'armée et dans le pays que nous traversons. Nous allons, comme je vous l'ai dit, nous former à Lunéville avec le 4e régiment de chasseurs d'Afrique. Nos hommes sont enchantés de cela ; car cela nous fait présumer que nous sommes du corps qui frappera un grand coup.

« Adieu, bien cher père ; je vous charge d'être mon interprète auprès de Marie, de Charles et de tous ceux que j'aime, et vous embrasse du fond du cœur en fils tendrement affectionné.

« STANISLAS. »

Le 30 juillet, la division de cavalerie de Bonnemains, réunie à Lunéville, reçut l'ordre « de se tenir prête à partir le 2 août et à se rendre, par étapes, à Brumath, où elle devait se trouver dans le rayon d'action du ma-

18 7bre 1870.

Bien cher oncle,

Je vais partir pour la guerre, dès demain je serai entré en campagne, je ne veux pas me mettre en route, sans t'écrire deux mots, pour t'informer de ce qui arrive à ton neveu, le dernier représentant de ton nom. Je suis enchanté d'avoir l'occasion de servir mon pays, et je m'efforcerai de faire aussi bien que mon Gd père et mon arrière Gd père: je serai reconnaissant de faire une petite prière pour moi, afin que je ne revienne pas trop éclopé, ou que, si je dois rester à la bataille, je meure en chrétien et en bon gentilhomme.

Sur ce, très cher Oncle, je t'embrasse en neveu bien affectionné

[signature]

Merci mon père de faire parvenir cette petite lettre. ______

réchal de Mac-Mahon et en mesure de concourir à ses opérations[1] ».

Le Ier corps, que commandait le maréchal, s'était concentré aux environs de Strasbourg et avait reçu la mission de surveiller la frontière de Bâle à Lauterbourg, de concert avec le 7e corps, qui se réunissait à Belfort.

Pour remplir cette mission, et au reçu des nouvelles qui lui annonçaient la présence de l'ennemi au nord de la Lauter, Mac-Mahon avait rapproché ses troupes de la frontière le 26 juillet ; il s'était mis en communication avec le 5e corps (de Failly), qui se trouvait à Bitche, et avait appelé à lui la division Conseil-Dumenil du 7e corps, de Colmar et de Mulhouse. Il avait en face de lui la IIIe armée allemande, qui se concentrait tout entière autour de Landau et qui avait été placée sous le commandement du prince royal de Prusse.

Voici comment le capitaine d'Orcet racontait ses étapes de Lunéville à Brumath :

1. Lehaucourt, *Histoire de la guerre 1870-71*, t. II.

« Lunéville, 1er août 1870.

« Bien cher père,

« Ordre de départ arrivé à 1 heure, pars à 4 h., le temps seulement de vous embrasser. Je vous envoie lettre de duchesse de Lesparre à conserver; lui ai promis prières de ma tante pour le général. A communiquer à Marie : route : Vic — Fénétranges — Phalsbourg — Brumath. Attendons les chasseurs d'Afrique, pousserons probablement avec nos 8 régiments une pointe dans le Palatinat pour faire décider les Prussiens à sortir de leurs lignes, qui sont formidables. En résumé ne savons rien. Ecrirai quand je pourrai, vais très bien vous souhaite pareille santé.

« Stanislas.

« Reçu lit et rouleau. »

« Fénétranges, 2 août 1870.

« Bien cher père,

« Me voilà en pleine Lorraine Allemande.

On parle allemand à force. Je le baragouine un peu, mais si nous ne nous comprenons pas toujours très bien comme conversation, nous nous comprenons du reste parfaitement sous le rapport des sentiments patriotiques; l'élan est le même partout; riche et pauvre, chacun apporte une obole, chacun se prépare à l'avance à venir en aide à nos fatigues et à nos souffrances prochaines.

« Hier, j'étais à Vic; lorsque j'y suis arrivé à 7 heures du soir, on achevait une quête au son du tambour; dans le bourg de 2000 âmes, la quête a produit 4000 francs et 120 hectolitres de vin; cette petite ville s'est engagée, en outre, à fournir et entretenir une ambulance de 100 lits. Ici, pendant que j'écris à la mairie, il y a plus de 80 femmes, jeunes filles et enfants, qui coupent des bandes, font de la charpie, cousent des ceintures, etc. Il y a 1800 hommes ici et ils forment une ambulance de 150 lits. Détail curieux, qui m'a frappé : il y a à Fénétranges beaucoup de Bismarck; ce sont leurs chiens qu'ils ont décorés en quantité de ce nom. Pendant que je vous écris, les gardes mobiles partent en chantant.

« Depuis 26 heures, j'ai parcouru 86 kilomètres. Mes chevaux sont un peu étonnés,
mon cuir n'est par intact, il fait tellement
chaud que ce n'est pas étonnant, mais j'ai bon
appétit et bon courage. Demain je serai à
Phalsbourg, puis à Brumath ; nous resterons
là sans doute deux jours, mais pas plus de 4
ou 5, et puis, en avant ! Le bruit se confirme
que nous allons faire une pointe dans le Palatinat avec notre batterie de mitrailleuses.

« Adieu...

                                    « STANISLAS.

« P.-S. — Il est neuf heures du soir, je
sors de l'estaminet Westermann, véritable brasserie, où j'étais entouré de gros bonnets de
l'endroit absorbant des quantités incroyables
de bière, fumant leurs pipes avec recueille-
ment, et, par exemple, fort animés quand on
parle Prusse, Bismarck. Tout d'un coup, il
entre un homme qui agite son chapeau et me
dit : « Hurrah ! mon capitaine, les Prussiens
« sont battus. Sarrebrück est à nous [1], la nou-

---

1. Le 2 août, en effet, le 2ᵉ corps (Frossard) avait poussé une
pointe en territoire allemand sur Sarrebrück, nœud important
de routes et de chemins de fer. Cette opération, exécutée avec
un déploiement de forces et un luxe de précautions que ne

« velle est apportée par un voyageur qui
« arrive de Sarreguemines. » Je vous la donne
sans garantie du Gouvernement. Encore une
fois je vous embrasse avant de m'endormir.

« STANISLAS. »

« Brumath, 5 août 1870.

« CHER PÈRE,

« Je suis arrivé hier ici et j'ai travaillé à
établir le bivouac de ma brigade. Je comptais
y rester au moins jusqu'à demain, mais cette
nuit il s'est répandu une nouvelle qui a jeté
la terreur dans la ville : les Prussiens seraient
entrés dans Wissembourg, qu'ils auraient à
moitié brûlé, et il y aurait eu une bataille à
Soultz, petite ville à 4 heures d'Haguenau ;

justifiait pas la faiblesse des troupes prussiennes occupant les
abords de la ville, n'eut d'ailleurs aucun résultat pratique.
Nos troupes se contentèrent d'occuper les hauteurs de la rive
gauche avoisinant Sarrebrück, mais on ne s'empara même
pas des ponts sur la Sarre et on ne chercha à couper ni la
voie ferrée, ni le télégraphe. Le détachement allemand du
général Von Gneisenau put se retirer vers le nord sans être
inquiété.

dans cette rencontre le général Douay aurait été tué ; trois de nos régiments écrasés, et la petite ville réduite en cendres ; ne communiquez ces nouvelles à personne ; je les crois fausses ou du moins fort exagérées. Toujours est-il que ma brigade a reçu la nuit l'ordre de partir pour Haguenau et que je vais la rejoindre.

« Le maréchal de Mac-Mahon est parti pour Haguenau ; il est 7 heures et demie, je vous écris ces quelques lignes pendant que nos hommes sellent, pour vous envoyer un souvenir, ainsi qu'à Marie et à Charles.

« Nous ne pensions pas nous battre avant le 10 ou le 12 août et peut-être nous battrons-nous demain. A la grâce de Dieu !

« Sur ce, je vous embrasse du fond du cœur, en fils tendrement affectionné.

« STANISLAS.

« 1re Brigade de la 2e division de réserve de cavalerie. Armée du Rhin.

« Vous n'avez pas à affranchir. »

« Bivouac de Reichshoffen
à 4 kilomètres de Bischwiller[1].

5 août 1870. 7 h. du soir.

« MA CHÈRE BELLE,

« Deux mots en courant pour te dire que nous sommes à la veille de donner une leçon aux Prussiens. Je t'écris sur la table où nous venons de prendre notre dîner qui n'en a pas été moins joyeux.

« J'écrivais, ce matin, quelques lignes à mon père, lui annonçant, sous toutes réserves, un désastre qui ne s'est que trop réalisé : 7.000 hommes contre 60 ou 80.000 ; ils ont lutté de 9 heures du matin à 3 heures. Je suis parti de Brumath au hasard, tâchant de rejoindre mon régiment dont je ne connaissais la route que par des on-dit ; en arrivant à Haguenau, j'apprends qu'il avait sur moi deux heures d'avance, je pique des deux et je le

1. Le capitaine a voulu probablement écrire Frœschwiller ; Bischwiller est à 20 kilomètres environ de Reichshoffen.

rejoins au moment où l'on faisait charger les pistolets.

« Le colonel me dit : « Vous arrivez bien, capitaine, vous allez prendre le commandement de votre escadron, nous allons charger. » Ce n'était qu'une alerte, des éclaireurs prussiens, qui avaient fait fuir les habitants de Soultz.

« Te parlerai-je du spectacle que nous avons : routes couvertes de familles se sauvant sur des chariots de toutes les formes ; chevaux morts de fatigue sur les routes ; femmes pleurant et nous souhaitant bonne chance. Pendant que je courais derrière mon régiment, j'ai trouvé une femme qui m'a crié : « *Schnnell, Schnnell, die Preussichen sind schon da hier !* [1] » (Je t'écris avec des lettres françaises). J'avais le cœur navré et je galopais toujours ; en arrivant à mon régiment, les habitants des villages nous regardaient passer en levant les bras au ciel, et nos hommes et moi nous leur crions : « N'ayez peur, nous allons les brosser. » Je te répète, c'était une alerte ; nous

---

1. « Vite, vite, les Prussiens sont déjà là ! »

sommes campés sur une prairie charmante, dans un paysage charmant, nous nous battrons peut-être demain ou après-demain ; en attendant, je t'aime et t'embrasse de tout cœur ainsi que Charles et les enfants, en frère et oncle tendrement affectionné.

« STANISLAS.

« 1re brigade de la 2e division de réserve de cavalerie. Armée du Rhin.

« Dieu nous protège et vive la France ! »

Comme on vient de le voir, la division de Bonnemains ne parvint pas jusqu'à Brumath. Devant l'inertie de l'armée française et l'indécision du commandement, les armées allemandes venaient en effet de prendre l'offensive.

Tandis que les Ire et IIe armées se dirigeaient sur la Sarre, le prince royal de Prusse, avec la IIIe armée, franchissait la frontière et marchait à la rencontre des troupes du maréchal de Mac-Mahon. Il avait d'ailleurs peu de renseignements sur les emplacements des troupes françaises. De notre côté, la division Abel Douay, du 1er corps, envoyée en couverture, au sud de Wissembourg, était écrasée le 4 août, après une lutte héroïque, et le maréchal décidait de concentrer tout son corps d'armée sur la position de Frœschwiller, d'où il comptait arrêter l'armée du Prince Royal en l'attaquant sur son flanc droit pendant sa marche présumée sur Strasbourg. La division de cuirassiers était arrivée le 4 dans la matinée à Saverne (2° brigade) et à Phalsbourg (1re brigade), pour continuer de là sur Brumath. A 8 heures du soir elle recevait l'ordre de se rendre sans aucun retard à Haguenau, qu'elle atteignait le 5 à 4 ou 5 heures du matin.

Vers 11 heures, sans ordres, mais prévoyant les difficultés qu'il pourrait avoir à passer plus tard, Bonnemains mettait les escadrons en marche sur Reichshoffen. A un ou deux kilomètres de ce village, près de la Brasserie, la colonne rencontra des gendarmes à cheval, affolés, en couverte, à peine vêtus, qui annonçaient l'approche de l'ennemi. On mit le sabre à la main et on fit charger les pistolets [1].

1. *Historique du 4° Cuirassiers.*

C'est à ce moment-là que le capitaine d'Orcet rejoignit son régiment.

Vers 3 heures, la division s'installait au nord-ouest du village de Reichshoffen, où elle établissait son bivouac sur la droite de la route de Bitche à Wissembourg[1].

1. Revue d'histoire rédigée à l'Etat-Major de l'armée, année 1902.

CHAPITRE II

Tout le 1ᵉʳ corps était réuni sur les hauteurs
de Frœschwiller, depuis Nehwiller jusqu'à
Morsbronn. Le maréchal de Mac-Mahon venait
d'être investi par l'Empereur du commandement de l'armée d'Alsace (1ᵉʳ, 5ᵉ et 7ᵉ
corps), mais il n'avait réellement avec lui,
outre les 4 divisions du 1ᵉʳ corps, que la division Conseil-Dumenil, du 7ᵉ, arrivée le soir du
5 et dans la nuit, au total 43.000 hommes. En
face de lui, sur l'autre rive du Sauerbach, se
trouvait la IIIᵉ armée allemande comptant
avec ses 4 corps (Iᵉʳ et IIᵉ bavarois, Vᵉ et XIᵉ
corps prussiens) et le corps Werder (Badois-
Wurtembergeois), un effectif de 150.000
hommes.

Entre 10 et 11 heures du soir, un violent

orage éclatait suivi d'une pluie torrentielle
qui dura une partie de la nuit. Les tentes
avaient été abattues le matin, avec ordre de
ne pas les remonter avant un nouvel avis.
« Hommes et chevaux étaient sans abris.
Leur repos déjà illusoire fut encore troublé
par la fusillade intermittente qui commençait
aux avant-postes pour durer jusqu'au jour[1]. »
Le lendemain, 6 août, le même jour où les
Ire et IIe armées allemandes attaquaient à Spi-
keren le corps de Frossard, la bataille éclatait également à Frœschwiller contre la volonté des deux commandants en chef. En effet,
le maréchal de Mac-Mahon, qui avait passé la
nuit du 5 au 6 au château du comte de Leusse,
près de Reichshoffen, comptait n'avoir à combattre que le 7. Le 6, au matin, vers 6 heures,
il venait même, sur les instances du général
Ducrot et de M. de Leusse, de se décider à la
retraite, lorsque éclata le premier coup de
canon[2]. Il avait été tiré sur Werth, par la
batterie de l'avant-garde du Ve corps prus-

1. Lehaucourt, *Histoire de la guerre de 1870-71.*
2. Général Bonnal, *Frœschwiller.*

sien, commandée par le général Walther. La division de Bonnemains monta à cheval et vint s'établir en colonne serrée à 5oo mètres environ au sud du chemin de Reichshoffen, en avant du bois du Grosser Wald, sur quatre lignes formées en bataille : le 1er cuirassiers en avant, le 4e ensuite à cent mètres en arrière, et enfin les 2e et 3e cuirassiers.

L'artillerie de la division (7e et 8e batteries du 19e régiment d'artillerie) était en avant de sa droite et un peu sur la hauteur[1].

Voici comment le capitaine d'Orcet raconte la part que lui-même et sa division prirent aux luttes de cette héroïque journée :

« Saverne, 7 août 1870.

« BIEN-AIMÉ PÈRE,

« Je ne sais si vous avez reçu la dépêche que je vous ai envoyée ce matin, ainsi qu'à Marie. Nous avons eu hier une rude bataille ; l'avantage jusqu'à midi, puis de nouveaux

---

1. *Historique du 4e cuirassiers.*

renforts sont arrivés à l'ennemi qui déjà battait en retraite, et nous avons été écrasés par le nombre des hommes, environ 1 contre 3, à quoi il fallait ajouter une artillerie formidable. Vous comprendrez qu'il ne m'appartient pas de vous donner d'autres détails ; cependant je peux vous dire encore que l'honneur de la journée appartient aux cuirassiers, qui ont chargé avec un entrain, une furie, et en même temps, un ordre admirable. « On dirait « qu'ils sont à la manœuvre », disait le maréchal. Nos escadrons ont chargé chacun successivement, deux et même quelques-uns trois fois, et chaque fois qu'après la retraite nous avons commandé le demi-tour, soit pour repartir à la charge, soit pour attendre notre tour de marcher, nos hommes ont exécuté leur mouvement avec le même ensemble et la même régularité que s'il n'avait pas plu des balles et des sacs de mitraille.

« Nous avons chargé quatre fois à travers des vergers ou des houblonnières.

« Mon régiment a été le plus fatigué de la division.

« En 10 minutes, nous avons perdu notre

colonel, 14 officiers dont 9 de tués sur 35, et 120 hommes et 140 chevaux sur 500[1].

« Nous étions six régiments de cuirassiers, il n'est revenu que deux colonels.

« Pour moi, grâce au ciel, je n'ai rien eu, mon cheval a reçu deux balles, il s'est renversé sur moi et m'a froissé un peu les reins et beaucoup la jambe gauche, mais tout cela n'est rien. Pour mon baptême du feu je n'ai pas eu de chance, puisque nous avons un revers, mais j'ai assisté à une bataille qui efface, comme terrible, Malakoff et Solférino, au dire des officiers qui ont été à tous ces endroits.

« Nous avons chargé pour couvrir la retraite et nous avons quitté le champ de bataille à 3 h. 25, nous étions entrés en ligne à 8 h. 15, montés à cheval à 7 h. à jeun ou à peu près.

---

1. Le chiffre officiel des pertes totales de la division de Bonnemains à la bataille du 6 août est de

    11 officiers tués,
    20 officiers blessés,
    509 hommes tués, blessés ou disparus.

L'effectif au 5 août était de 2641 hommes. Pour le seul 4e régiment de cuirassiers, à l'appel du 7 août à Saverne, il manquait 170 hommes tués, blessés ou disparus, c'est-à-dire près du tiers de l'effectif. (Lehaucourt, t. II, *Annexes* et *Revue d'Histoire*, 1902).

Nous avons fait 14 heures de retraite et nous sommes arrivés à 1 h. du matin ici, où nous bivouaquons sur les bords du canal.

« Ce matin, en 65 heures, nous avions fait 50 heures de marche, dont 7 de bataille. Je suis exténué de fatigue. Par un hasard particulier, j'ai suivi le maréchal pendant deux heures, les dernières de la bataille. J'avais été envoyé en éclaireur, avec un cavalier, par mon colonel, pour voir d'aussi près que possible ce qui se passait à notre droite ; j'ai été rencontré par le général Colson [1], qui m'a demandé ce que je faisais et m'a envoyé auprès du maréchal.

« Vous dire où nous avons été ainsi serait trop long, nous avons été partout où nous étions menacés ; nous étions sept officiers avec lui, il m'avait fait laisser mon ordonnance, en disant que là où nous allions, il n'y avait place que pour des officiers. C'est ainsi que nous avons été à l'attaque de Wœrth, que le maréchal a conduite lui-même, l'épée à la main, à la tête de trois régiments. Là, les

---

1. Chef d'état-major du 1ᵉʳ corps.

balles et les obus faisaient rage, il en tombait sans exagération comme une véritable grêle ; c'est un homme admirable que ce Mac-Mahon, je ne l'ai pour ainsi dire pas perdu des yeux un instant, car, rien que de le voir, je perdais toute idée d'émotion ; pendant que les balles pleuvaient des portes, des fenêtres, des lucarnes, des haies, des jardins, de partout, je l'ai vu s'adresser à un soldat qui jetait son sac à terre : « Ramassez donc votre sac, avec quoi coucherez-vous ce soir ? » Les hommes étaient littéralement jonchés autour de nous, la rue était comble de cadavres prussiens et français, les Prussiens en plus grand nombre. C'est là, qu'à deux pas de nous, le colonel de Grammont[1] a eu le bras emporté ; il se retirait, soutenu par quelques soldats, et en passant devant nous, il a brandi le bras qui lui restait en s'écriant : « Voilà comment « nous savons verser notre sang pour le « pays ! »

« Robert de Vogüé[2], qui marchait à côté de moi, au milieu de ces monceaux de cadavres

1. Le colonel de Grammont commandait le 47° d'infanterie.
2. Capitaine de spahis, officier d'ordonnance du maréchal.

qui augmentaient d'instant en instant, me
dit : « C'est la Providence divine qui veille
« sur le maréchal et ses officiers ; voyez, mon
« cher, nous sommes tous debout et on nous
« vise comme une cible. » Deux minutes
après, le prince Murat[1], qui était à ma gauche, se mit à crier : « Pauvre Robert! »
Celui-ci venait d'avoir la tête cassée. Il est
tombé foudroyé, je n'ai pu voir exactement
sa blessure, j'ai rattrapé son cheval, dont la
selle était inondée de sang. Quelques minutes
après, tombait le général Colson, chef d'état-
major général.

Le cœur m'a battu un peu, néanmoins le
maréchal a bien voulu me dire qu'il était content de moi.

« (Mes passeports sont en règle, soyez ras-
suré.)

« Et puis, les soldats reculaient affolés et
découragés, ils s'enfuyaient ; le maréchal se
jetait au devant d'eux, secondé par un de
nous, qui restions alors au nombre de trois ;
nous cherchions à les arrêter avec nos sabres ;

1. Le prince Murat (Achille), lieutenant, également officier
d'ordonnance du maréchal.

quatre fois nous avons cherché à les rallier, mais à peine en avions-nous réuni une centaine, qu'un ou deux obus venaient jeter la terreur parmi eux, et ils se reprenaient à fuir, nous entraînant avec eux; c'est alors que le maréchal m'a envoyé chercher les cuirassiers, voulant par des charges successives arrêter la marche de l'ennemi et assurer la retraite de son artillerie et de son infanterie; et c'est alors que je l'ai quitté pour conduire mon escadron à la charge.

« J'ai télégraphié aussi pour dire que Jules de Saint-Sauveur était très grièvement blessé, mais non désespéré. C'est ce que l'on m'a dit lorsque j'ai demandé de ses nouvelles en passant à l'ambulance de Reichshoffen ; là, il était particulièrement recommandé à M. de Leusse[1]. Son régiment a été abîmé; il ne reste que deux capitaines debout.

« Je ne vous parlerai pas de la retraite, ni

1. M. de Leusse, maire de Reichshoffen, ne cessa, pendant cette journée du 6, de déployer, au péril de sa vie, la plus grande activité pour aider le commandement dans sa tâche. Il recueillit 250 blessés dans son château ; « le vestibule était plein de paille sur laquelle gisaient les blessés, les escaliers étaient encombrés, le sang ruisselait le long des marches. Dans le grand salon plus de 20 officiers étaient étendus, c'était navrant! » (Journal inédit, *Revue d'histoire*, 1902).

des pleurs que m'a fait verser la vue des femmes et des enfants, pleurant, criant en s'attachant aux rênes de nos chevaux. « Ne « nous laissez pas, ils vont venir ! » C'étaient les mêmes cris, les mêmes plaintes dans tous les villages que nous traversions.

« J'en ai les larmes plein les yeux, mais ce sont des larmes de rage ; nous aurons notre revanche ! c'est notre cri à tous.

« J'ai la confiance qu'ayant échappé à la bataille d'hier, j'échapperai partout.

« Dieu nous soit en aide et en avant !

« Adieu, bien cher père, je vous aime et embrasse du fond du cœur, ainsi que Charles et Marie.

« Votre fils tendrement affectionné.

« STANISLAS.

« Je suis comme un petit saint Jean ; j'ai perdu tous mes bagages et mon cheval, nous en sommes tous là ; ils ont été pillés[1].

---

1. Les bagages de la division de Bonnemains, laissés à Reichshoffen pendant la bataille, avaient, en effet, été pris par les uhlans. A peine quelques cavaliers conduisant des chevaux en main purent-ils s'échapper et rejoindre leur régiment pendant la retraite.

« Nous battons en retraite, à ce que l'on croit, sur le camp de Châlons.

« Nous sommes arrivés ici, où nous bivouaquons à 1 h. du matin. »

Sans vouloir décrire complètement la bataille de Frœschwiller, il paraît utile de donner ici quelques renseignements sur les événements auxquels a été mêlé tout particulièrement le général d'Orcet pendant cette journée.

La canonnade du général Walther avait été pour les troupes de la IIIᵉ armée allemande le signal de l'attaque contre nos positions. Une fois la bataille engagée, et malgré les ordres du prince royal, les généraux allemands, fidèles aux principes d'initiative, d'offensive et de camaraderie de combat alors si en honneur dans l'armée prussienne et si absents de la nôtre, n'eurent qu'une idée et qu'une préoccupation, appuyer l'offensive du Vᵉ corps sur Wœrth par tous les moyens en leur pouvoir. Le prince lui-même, voyant que la rupture du combat était impossible, arrivait sur le champ de bataille vers une heure et prenait la direction des opérations.

Le commandant du XI° corps prussien, général de Bose, avait déjà discerné le point faible de notre ligne, l'aile droite. Il faisait passer la Sauer à ses troupes et marchait sur Morsbronn, à peine défendu, dont il s'emparait. C'est alors que le général de Lartigue fit charger la brigade Michel (8° et 9° cuirassiers, 2 escadrons du 6° lanciers). Au centre, le V° corps s'emparait de Wœrth, mais n'en débouchait qu'avec peine, malgré l'appui de ses 84 pièces de canon. Depuis le commencement de la bataille, le général de Mac-Mahon se tenait près d'Esasshausen sous un arbre dont les branches hachées par les balles et les éclats d'obus tombaient autour de lui, et que l'on appelle encore dans le pays l'arbre du Maréchal. C'est de là que, vers 2 heures 1/2, pour arrêter les troupes prussiennes qui débouchaient de Wœrth et du Niederwald, il prescrivit les contre-attaques d'infanterie, qu'il accompagna lui-même. Tous les renseignements nous portent à croire que c'est pendant la contre-attaque des troupes du général Maire que le capitaine d'Orcet eut l'occasion de se distinguer sous les yeux mêmes du maréchal ;

aussi avons-nous tenu à donner le récit de cette brillante action, emprunté à la *Revue d'histoire* [1].

« Après la première occupation du Calvaire [2] par les troupes de la 18ᵉ brigade, celles des 17ᵉ et 19ᵉ brigades avaient progressé dans la direction de Frœschwiller au Nord et au Sud de la grande route, refoulant le 3ᵉ bataillon du 2ᵉ zouaves et le 3ᵉ du 36ᵉ. Voyant l'adversaire contenu momentanément à l'Est d'Elsasshausen par la ferme attitude du 17ᵉ bataillon de chasseurs et du 1ᵉʳ bataillon du 47ᵉ, le maréchal de Mac-Mahon donna l'ordre à la 2ᵉ brigade (Maire) de la division Conseil-Duménil de prononcer une contre-attaque dans la direction de Wœrth. Cette brigade, disposée à l'ouest d'Elsasshausen en ligne de bataillons en colonne double, se porte en avant dans l'ordre suivant :

« Le 47ᵉ (colonel de Grammont), 2ᵉ et 3ᵉ bataillons (commandants Galand et de Ravel) à droite, le 99ᵉ (colonel de Saint-Hilaire), 2ᵉ et

---

1. Revue d'Histoire, rédigée à l'état-major de l'armée (section historique, année 1902).
2. Hauteur située au sud est d'Elsasshausen.

3e bataillons (commandants Petit et Prieur) à
gauche.

« Le général Maire porte sa brigade en avant,
le 3e bataillon du 47e laissant Elsasshausen à
sa droite. Dès que la ligne formée par ces
4 bataillons, massés en colonne double, appa-
raît, elle est criblée de balles et d'obus qui lui
causent des pertes énormes. Le déploiement
s'exécute sans retard, avec régularité même ;
puis le général Maire fait déposer les sacs et
battre la charge. Les deux régiments se préci-
pitent en avant à la baïonnette et rejettent
l'ennemi dans les vergers et les vignes qui
avoisinent Wœrth. Quelques maisons du bourg
tombent même au pouvoir des Français, sont
réoccupées par les Prussiens, reprises encore
et finalement évacuées, quand le feu violent
des batteries de la rive gauche de la Sauer et
des défenseurs de Wœrth obligent la 2e brigade
à reculer. Une foule d'officiers tombent tués
ou blessés ; le général Maire est frappé à mort ;
le colonel de Grammont a le bras emporté
par un obus ; les deux bataillons du 47e sont
commandés par un capitaine.

« Les débris de la brigade battent en retraite

en se ralliant plusieurs fois derrière des plis de terrain. »

Peu de temps après cette contre-attaque, le maréchal, pour sauver les débris de son armée, demanda aux cuirassiers de la division de Bonnemains le sacrifice de leur vie. En dignes fils des cavaliers de Kellermann et de Milhaud, ils le firent dans un élan superbe d'ardeur et d'héroïsme, à la française !

La *Revue d'histoire* nous a conservé tous les détails de ces charges magnifiques, et nous reproduisons de ce récit ce qui concerne particulièrement le 4ᵉ cuirassiers :

« Après la prise d'Elsasshausen [1] le maréchal de Mac-Mahon ne pouvait plus se faire aucune illusion sur l'issue de la bataille ; les troupes françaises, malgré leur vaillance, malgré

---

1. La *Revue d'histoire* place la charge de la division de Bonnemains immédiatement après la prise d'Elsasshausen, le général Bonnal la place un peu avant. Il nous semble qu'il eût été bien difficile aux escadrons de passer aussi près du village qu'ils l'ont fait, si celui-ci avait été déjà occupé par les troupes allemandes. Elsasshausen fut enlevé vers 3 h. 3o par les troupes du XIᵉ corps venant du sud, le terrain au sud du village devait donc être impraticable et il est peu vraisemblable que les deux premiers escadrons de cuirassiers eussent pu charger sur ce terrain et revenir ensuite en longeant les maisons du village. Il est donc plus admissible que les troupes prussiennes n'avaient pas encore pénétré dans Elsasshausen quand les charges se sont produites.

l'exemple brillant donné par leurs chefs, devaient céder sous le nombre de l'infanterie et la supériorité de l'artillerie adverses. Il n'était plus question maintenant d'obtenir la victoire et même de conserver les positions, mais de savoir si on pourrait encore effectuer la retraite, si la masse de ces combattants, à bout de forces et presque dépourvus de munitions, pourrait s'écouler vers Reichshoffen, si enfin le torrent des vainqueurs n'allait pas y produire une épouvantable déroute. La dernière heure consacrée à la contre-attaque de la brigade Wolf[1] dans l'espoir que la division de Lespart arriverait enfin, il fallait la regagner maintenant pour permettre aux troupes de se retirer du combat. Le maréchal de Mac-Mahon se rendit nettement compte qu'Elsasshausen enlevé, les Allemands étaient en mesure par un simple mouvement en avant de prendre en flanc les troupes françaises qui allaient s'écouler par la route de Frœschwiller à Reichshoffen. Il prescrivit en conséquence

---

1. Contre-attaque exécutée fort peu de temps après celle de la brigade Maire ; le général Colson fut tué aux côtés du maréchal, pendant cette contre-attaque.

au général de Bonnemains de faire avancer sa division de cuirassiers et d'arrêter l'ennemi assez longtemps pour permettre aux troupes du centre et de la gauche de gagner Niderbronn.

« Cette division, placée au début de la bataille au sud-ouest de Frœschwiller dans le vallon des sources nord de l'Eberbach, avait dû changer plusieurs fois d'emplacement pour se soustraire aux projectiles et s'était ensuite reformée vers 12 heures 30 en ligne de colonnes serrées par demi-régiment, face à l'Est, sur le terrain primitivement occupé. A ce moment, le maréchal avait fait demander une des brigades de la division pour l'avoir à sa disposition plus près de lui. La 1re (Girard, 1er et 4e cuirassiers) désignée était venue se former en colonne serrée dans la vallée des sources est de l'Eberbach, à 400 mètres environ du chemin de Frœschwiller à Morsbronn.

La 2e brigade était restée en arrière et avait pris un dispositif d'attente analogue à celle de la 1re.

« Vers trois heures, le maréchal veut don-

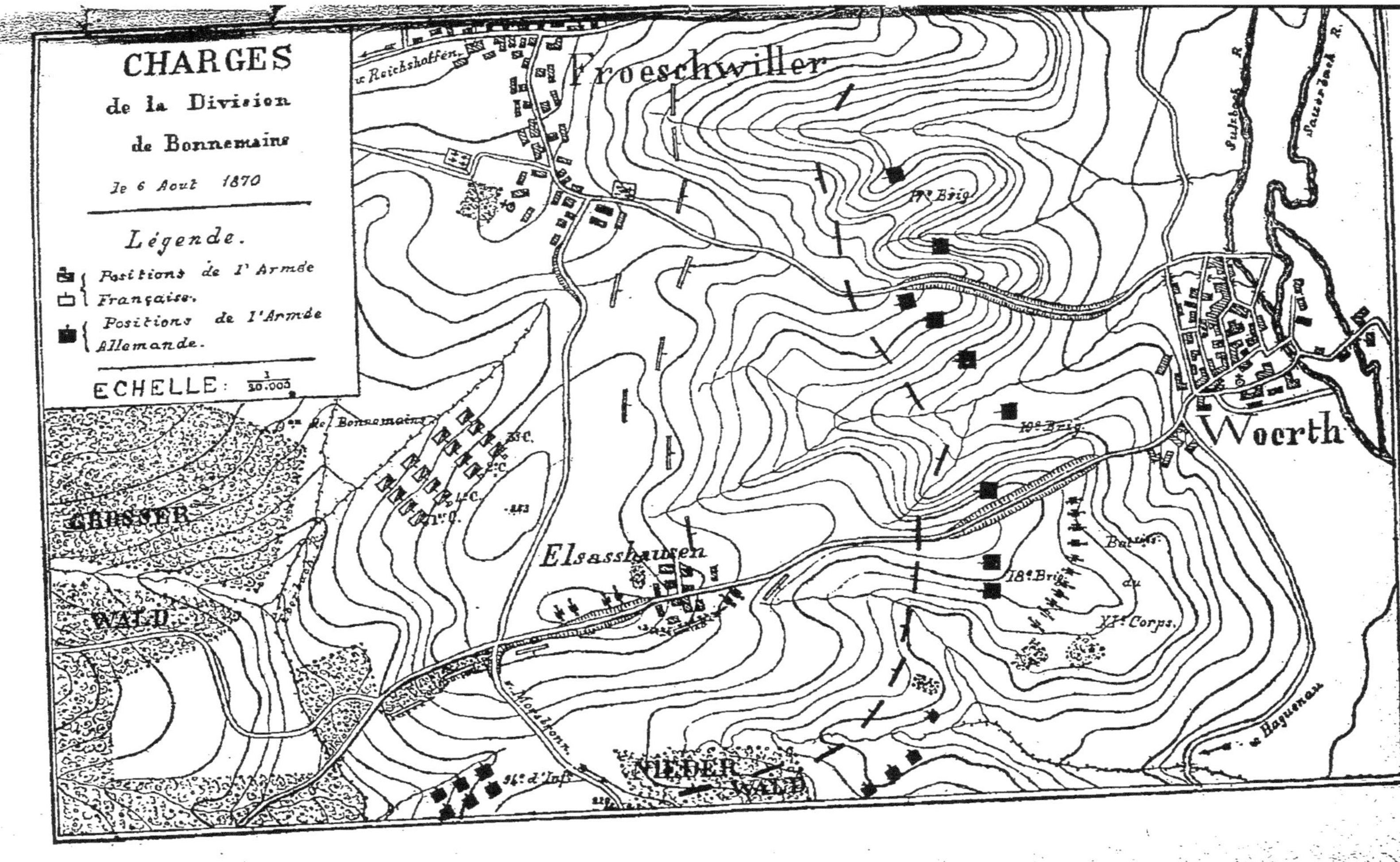

CHARGES
de la Division
de Bonnemains
le 6 Août 1870
Légende.
Positions de l'Armée Française.
Positions de l'Armée Allemande.
ECHELLE: 1/20.000
Froeschwiller
Woerth
Grosser
Wald
Elsasshausen
Nieder Wald
17e Brig.
19e Brig.
18e Brig.
VIe Corps.
u. Reichshoffen.
Bil. de Bonnemains
Sulzbach R.
Sauerbach R.
Haguenau

ner lui-même au général Girard l'ordre de charger l'ennemi qui débouchait d'Elsasshausen.

. . . .

« Le terrain sur lequel la division de Bonnemains allait charger était excessivement défavorable. Il était planté de vignes, de pommiers, de houblonnières, d'arbres taillés à hauteur d'homme et coupé de fossés et de petites carrières qui ne pouvaient se deviner de loin. Des haies épaisses, hautes, infranchissables, des clôtures de vergers et des bouquets d'arbres servaient d'abris aux fantassins allemands.

« Le 1ᵉʳ cuirassiers (colonel de Vendeuvre) partit le premier dans la direction de Wœrth, passant à 5oo mètres environ au nord d'Elsasshausen... Il exécute deux charges successives.

« Au moment où son 4ᵉ escadron allait repartir, le général Girard fait avancer le 4ᵉ cuirassiers. Le régiment se met en mouvement en colonne serrée, marchant de façon à passer au sud d'Elsasshausen. Le 1ᵉʳ escadron, conduit par le colonel Billet, prend le galop et

gagne la crête qui se trouve en avant de lui [1].
Le terrain oblige bientôt la colonne à rompre
par pelotons ; elle traverse le chemin empier-
ré et encaissé qui conduit de Frœschwiller à
Morsbronn et qui était garni de tirailleurs de
toutes armes, zouaves, chasseurs, fantassins
des 3e, 21e et 47e de ligne arrivés de tous les
points du champ de bataille.

On y comptait aussi au moins une ving-
taine de cuirassiers démontés, venus de Morsbronn ; ils avaient ceint la giberne d'infanterie, par-dessus leurs cuirasses, sans quitter
leurs grands sabres, et faisaient le coup de feu.
A 100 mètres à l'Est du chemin, le régiment
en colonne de pelotons s'arrête un instant
pour permettre aux escadrons de tête de se
former en bataille.

« Pendant ce temps « la fusillade du Nieder-
Vald redoublait d'intensité et le crépitement
des balles sur les cuirasses s'entendait comme
le choc de la grêle sur les vitres [2]. »

Le 1er escadron (capitaine Billot) aussitôt

1. C'est avec cet escadron que le capitaine d'Orcet a chargé.
Il était capitaine en second.
2. *Historique du 4e cuirassiers.*

déployé part à la charge ; le colonel le dirige à 600 mètres environ en avant, vers une houblonnière occupée par des troupes prussiennes qui font un feu nourri. L'escadron laisse Elsasshausen en flammes à 250 mètres sur sa gauche, descend une pente assez rapide, semée d'obstacles, et vient se heurter à des haies et à la houblonnière, dont les perches sont, selon l'usage du pays, reliées par des fils de fer. L'escadron est arrêté court, il ne peut franchir l'obstacle et sous un feu violent qui fait de nombreuses victimes, il se voit forcé de faire demi-tour.

« Le 2ᵉ escadron (capitaine Mille) suit le 1ᵉʳ à peu de distance ; il est également accompagné par le colonel, qui le dirige cette fois un peu plus au nord ; mais le terrain n'était pas plus favorable. Engagé dans des vignes, le 2ᵉ escadron ne peut davantage aborder l'ennemi qui le fusille de près. Le commandant Broutta a l'avant-bras droit enlevé par un obus ; le lieutenant Prévost a le bras gauche cassé au coude par une balle ; un grand nombre de cuirassiers et de chevaux sont atteints. L'escadron fait demi-tour et vient, en longeant à sa droite les maisons en feu d'Elsasshausen, se rallier au 1ᵉʳ escadron derrière le reste du régiment.

« Le maréchal de Mac-Mahon arrive vivement près du colonel du 4ᵉ cuirassiers. N'ayant pu se rendre compte des obstacles qui avaient arrêté l'élan des deux premiers escadrons, il ne s'expliquait pas leur retraite et dit : « Colonel, ce n'est pas là charger à fond. — Nous allons mieux faire », répond le colonel Billet. Il se place alors devant le 4ᵉ escadron ; il a auprès de lui le commandant Négroni, le lieutenant d'état-major Mayniel, qui ne l'a pas quitté, et le lieutenant porte-étendard Ginter. Il part au grand trot en disant : « Suivez-moi. » Afin d'éviter les obstacles qui ont arrêté les deux premières charges, le colonel remonte, en le longeant, le chemin creux de Morsbronn à Frœschwiller, cherchant un point à franchir ; les berges étaient hautes et raides, le peloton de tête tenta sans succès le passage. Le 2ᵉ peloton passa quelques pas plus loin et fut suivi par le reste de la colonne.

L'escadron de tête, le 4ᵉ, se trouve ainsi à la naissance d'une petite vallée gazonnée qui s'ouvre au nord d'Elsasshausen, allant sur Wœrth. Le 1ᵉʳ cuirassiers avait déjà chargé sur ce terrain. Il se forma rapidement et partit au galop.

« Il galopait furieusement depuis près de 1000 mètres sans rien voir, ayant dépassé, à sa droite, une longue houblonnière de peu d'épaisseur, à sa gauche, des vergers, des haies, des clôtures naturelles, lorsque le lieutenant Ginter s'écrie : « Les voilà ! » et il montre au colonel un groupe de tirailleurs prussiens qui se trouvaient à une cinquantaine de pas, sur la droite, dans un verger planté de pommiers.

« Ce verger était presque entouré de buissons et protégé du côté de la charge par une petite tranchée. Le colonel Billet, ayant à sa droite le capitaine commandant d'Eggs, à sa gauche le lieutenant Mayniel, tous trois presque botte à botte, fond sur l'ennemi. Il tenait un Allemand au bout de son sabre et venait de sauter le fossé, quand il est croisé, bousculé, désarçonné par des cavaliers qui font demi-tour à gauche. Il tombe et reste sans connaissance sur le terrain[1].

1. Le colonel Billet fut relevé par des fantassins du 58ᵉ et

« En même temps, le capitaine-commandant d'Eggs, qui arrivait brillamment le premier de son escadron sur les tirailleurs ennemis, tombe frappé à mort au front par une balle ; le coup de feu avait été tiré à 4 mètres de distance sur le groupe de tête. Le lieutenant Motte est tué, le sous-lieutenant Faure, entouré et blessé d'un coup de crosse sur le bras, se dégage à coups de sabre ; le lieutenant Pelletier est désarçonné ; sur les 6 officiers qui appartenaient au 4ᵉ escadron, 4 étaient tués ou blessés. Le lieutenant d'état-major Mayniel, qui charge pour la troisième fois, frappe de son sabre un fantassin allemand ; le brigadier Jousseaulme et le trompette Décloux en tuent deux autres de coups de pointe. Mais, sauf quelques corps-à-corps isolés, l'escadron ne réussit pas à aborder le gros de

fait prisonnier. Vers 5 heures près de Wœrth, le Prince Royal, apercevant ce colonel de cuirassiers au milieu d'un groupe de prisonniers, s'avança vers lui : « J'ai remarqué votre charge, colonel. Dans un combat entre Français et Prussiens, il n'y a pas de honte à être battu. Du reste, je ne suis pas orateur, mais je dois vous dire simplement : Donnez-moi la main. » *Historique du 4ᵉ cuirassiers.*

Le colonel Billet, qu'avaient épargné les balles prussiennes, devait être lâchement assassiné à Limoges pendant la Commune, le 4 avril 1871.

l'ennemi. Le 5ᵉ escadron, qui avait appuyé le mouvement du 4ᵉ, joignit à peine l'ennemi. Le lieutenant Schiffmacher, au moment du départ, tomba mortellement frappé d'une balle ; le sous-lieutenant Gauthier, désarçonné, fut fait prisonnier, et l'escadron fut entraîné dans la retraite du 4ᵉ. Cinq officiers, restés sur le terrain, jalonnaient le chemin parcouru par la dernière charge.

« Les quatre escadrons, très réduits, viennent se reformer derrière la crête d'où ils étaient partis, puis la brigarde Girard rejoignit la brigade Brauer, qui s'était avancée pour la soutenir, dans le vallon des sources est de l'Eberbach et qui allait charger à son tour [1]. »

Dans son livre, *Français et Allemands*, après avoir raconté la charge des cuirassiers, Dick de Lonlay ajoute :

« Se font aussi remarquer le capitaine Aragonnès d'Orcet, le lieutenant Pinte, le maréchal des logis Sigrist, les cavaliers Piraube, Poncel et Reiss [2]. »

1. *Revue d'Histoire*, 1902.
2. Dick de Lonlay, *Français et Allemands*, t. I, p. 184.

Le nom du capitaine Aragonnès d'Orcet se trouve également inscrit au livre d'or du 4e cuirassiers, sur la liste des officiers s'étant particulièrement distingués à Frœschwiller[1].

Quand la nouvelle de la bataille fut connue, M. le vicomte d'Orcet reçut de tous côtés des lettres qu'on lui adressait pour lui demander des nouvelles de son fils.

M. de Chevigné lui écrivait :

« 10 août 1870.

« Je suis déchiré d'inquiétudes, mon bon oncle, venez me rassurer et me dire qu'il n'est rien arrivé à mon cher Stanislas. Oh ! quelle guerre et comme je pressentais ce qui arrive, moi qui connaissais la force, le nombre de l'opiniâtreté de l'armée que nous avons à combattre !

« Peut-être en ce moment nos troupes sont-elles en ligne ! Un mot, un seul mot, mon bon oncle, et vous me rendrez un repos que je n'ai plus, quand je pense à celui que nous aimons tous les deux, sincèrement.

1. *Historique du 4e cuirassiers*, t. II, p. 43.

« Je suis chez mon beau-frère, j'ai reçu une lettre de mon oncle qui me dit que vous êtes à Paris et que Stanislas a donné, ce que je savais puisque je connais son régiment. Quelle ignorance nous déployons dans cette guerre ! Toujours surpris ! Si Dieu ne vient à notre secours, nous sommes bien malades. La pauvre Marie, en apprenant que Stanislas avait donné dans cette bataille sanglante, s'est mise à fondre en larmes. Ma femme et moi, nous le regardons comme un frère. Répondez-moi, de suite, mon bon oncle, je vous embrasse.

« Cte DE CHEVIGNÉ

« à Tilley-les-Moffrans, près Arras (Pas-de-Calais). »

Parmi toutes ces lettres, une est particulièrement touchante, celle-ci :

« BIEN CHER MONSIEUR D'ORCET,

« Je me permets de vous écrire ces quelques lignes pour vous exprimer tout le bonheur que j'ai éprouvé en apprenant l'heureuse nouvelle, que M. Stanislas avait si miraculeusement échappé à l'affreuse boucherie où il s'est trouvé mêlé.

« Je dis, miraculeusement, car ma conviction à moi, c'est que sa sainte mère a veillé du haut du ciel sur son fils chéri et l'a protégé. Veuillez, je vous en prie, me rappeler à son souvenir et lui faire part des vœux que j'adresse au ciel pour qu'il sorte sain et sauf de cette guerre cruelle qui va, je le crains, m'enlever à moi aussi, au moins, un fils, car j'en ai deux non mariés entre 25 et 35 ans[1].

« Adieu, monsieur d'Orcet, recevez l'assurance de mon attachement toujours affectueux.

« Votre toute dévouée

« EUGÉNIE BOURDON,
« épouse BARTHOMEUF.

« Paulhac, ce 23 août 1870. »

---

[1]. La loi promulguée le 10 août 1870 appelait en effet à l'activité les hommes de 25 à 35 ans, non mariés ou veufs sans enfants ne faisant pas déjà partie de la garde mobile.

CHAPITRE III

LA RETRAITE SUR CHALONS

Après la bataille du 6 août, l'armée de Mac-Mahon battit en retraite sur le camp de Châlons, entraînant avec elle le 5ᵉ corps (de Failly) qui jugea sa position trop compromise à Bitche.

Le 1ᵉʳ corps se dirigea sur Neufchâteau, le 5ᵉ corps sur Chaumont, où commencèrent pour l'infanterie les embarquements en chemin de fer.

La cavalerie et l'artillerie continuèrent, par étapes, jusqu'au camp :

« Lunéville, 9 août 1870.

« BIEN CHER PÈRE,

« J'ai écrit le 5 à Marie, de Reichshoffen

notre bivouac à la veille de la bataille, je vous ai écrit de Saverne ainsi qu'à elle le 8 et je vous ai envoyé deux dépêches.

« Nous sommes arrivés ici, à marches forcées, pour nous ravitailler, écrivez-moi donc ici ; si j'en suis reparti, on trouvera toujours à me faire parvenir votre lettre ; voici la première nuit où je vais pouvoir dormir déshabillé depuis le 6, je suis mort de fatigue, mais bien portant, j'ai perdu mon cheval et mes bagages.

« Adieu, bien cher père, je vous aime et embrasse de tout cœur en fils tendrement affectionné.

« STANISLAS.

« Demain, plus longue lettre. »

M. le vicomte d'Orcet reçut également les deux lettres suivantes qui vinrent le rassurer sur le sort de son fils et qui lui furent écrites à la prière de celui-ci, l'une par le maire de Lunéville, l'autre par M. l'abbé Dupassy, curé-archiprêtre.

Mairie de Lunéville
(Meurthe)

« Monsieur le vicomte d'Orcet,

« Monsieur votre fils, capitaine au 4ᵉ cuirassiers, a passé à Lunéville avec son régiment qui a quitté hier notre ville, pour se diriger du côté de Langres, je crois. Le général de Bonnemains m'a dit qu'il allait reconstituer ses régiments, ce qui nécessiterait plusieurs mois.

« D'après les renseignements que je viens de faire prendre au café et au restaurant du 4ᵉ, Monsieur votre fils était en bonne santé.

« Recevez, etc.

Le Maire,
« A. Sancerot. »

**Diocèse de Nancy
et de Toul**

Archiprêtré de Lunéville
Paroisse de Saint-Jacques

« Monsieur le comte,

« J'ai vu hier votre bon fils, qui vous a

écrit trois fois sans avoir reçu de réponse. Il pense que ses lettres ne vous sont pas parvenues et il m'a prié de vous écrire. Ce bon capitaine a pris une large part à la dernière bataille et il est du petit nombre de ceux qui n'ont point été tués.

« Il n'a pas même été blessé, bien qu'il ait parfaitement payé de sa personne. Il me charge de vous rassurer à son endroit, comme aussi de vous dire qu'il a eu soin de faire une bonne confession et de mettre sa conscience en règle.

« Veuillez, Monsieur le comte, agréer, etc.

« L'abbé Dupassy,

« Curé-archip., Vre Gal Hre. »

Voici les autres lettres que le capitaine d'Orcet écrivit pendant la retraite sur Châlons :

« Saint-Dizier, 15 août 1870.

« Bien cher père,

« Nous nous retirons sur le camp de Châlons pour nous y ravitailler, en hommes, en chevaux, voitures, etc. Car nous avons été très éprouvés au feu d'une part et nous avons été complètement dépouillés de tous nos bagages et approvisionnements. Je n'ai et nous n'avons (les officiers) que ce que nous portons sur le corps. Ici une bonne dame m'a donné une chemise, ce qui a été pour moi un cadeau royal.

« Impossible de vous dire combien de temps nous allons rester à Châlons. Sera-ce deux ou trois jours? Je n'en sais rien, mais, en tous cas, ce sera le temps juste nécessaire pour nous remettre en état; car nous avons rage de prendre notre revanche et nous avons surtout le cœur gonflé des larmes que nous avons vues couler pendant notre pénible retraite. C'étaient des femmes pleurant sur le seuil de leurs portes en nous voyant nous retirer dans ce douloureux désordre ; des gens qui nous criaient : « Qu'allons-nous devenir maintenant? » Plus loin des charrettes emportant des familles qui fuyaient, avec leurs lits et leurs couvertures, se cacher dans les forêts, et pour achever le tableau une pluie battante et incessante qui semblait accompagner notre malheureux corps d'armée ; malgré leur désespoir, ces malheureux villages qui se voyaient à la veille d'être ruinés, n'avaient pas assez de démonstrations de dévouement à nous faire : notre marche en était retardée. C'était du pain, c'était du vin, c'était du linge, c'était tout ce qu'ils nous offraient : aussi nous n'avons plus qu'un désir, c'est de revenir arrêter les Prussiens et défendre ces braves gens, bien plus que nous venger, car notre défaite a été glorieuse; nous avons lutté 9 heures, que dis-je, 11 heures contre 80.000 hommes, c'est le chiffre que reconnaissent les Prussiens eux-mêmes, et nous n'étions que 34.000.

« Si vous entendez dire que le maréchal de Mac-Mahon a eu tort et a été téméraire, sachez qu'il ne pouvait en être autrement; s'il se fût retiré, les deux corps de Failly et de Frossard étaient anéantis, tandis que par sa glorieuse défaite il les a sauvés et sauvé peut-être toute l'armée, qui eût été complètement coupée et qu'il a failli, un instant, grâce à sa ténacité, à son habileté et à son audace, gagner la bataille; et si le télégraphe n'avait pas commis une erreur de lettre, nous avions la vic-

toire[1] : que voulez-vous, c'est à croire à l'é-
toile!

« Si vous me répondez de suite à Châlons,
j'aurai votre lettre au passage, j'y serai le 17;
dans tous les cas, elle me rejoindra au camp.

« Adieu, bien cher père, je vous aime et
vous embrasse du fond du cœur en fils tendrement affectionné.

« STANISLAS. »

A Mme du Verne :

« Saint-Dizier, 15 août 1870.

« C'est aujourd'hui le 15 août, chère mignonne, c'est ta fête, et j'éprouve un singu-

---

1. Nous ne savons pas à quelle erreur de télégraphe le capi
taine d'Orcet fait ici allusion, car aucun auteur ne la men-
tionne. Peut-être ce passage se rapporte-t-il aux relations télé-
graphiques du maréchal de Mac-Mahon avec le général de
Failly. Il est bien certain que si celui-ci avait mis plus de
rapidité à exécuter les ordres du maréchal, la bataille eût pu
tourner autrement. Mac-Mahon avait télégraphié de Failly le 5
à 8 h. 10 du soir : « Venez à Reichshoffen avec tout votre
corps d'armée et le plus tôt possible. »
Or la division Guyot de Lespart, la seule du 5ᵉ corps qui
arriva sur le champ de bataille, ne partit de Bitche que le 6
à 7 h. 1/2 du matin et ne put atteindre Niderbronn qu'à 5 h.
du soir alors que l'armée de Mac-Mahon était déjà en pleine
retraite. La 1ʳᵉ brigade (général Abbatucci) se déploya à l'Est
de Niderbronn au nord de la route, la 2ᵉ brigade au sud pour
protéger l'écoulement des fuyards.

lier plaisir à te la souhaiter dans l'état de débine et de détresse où nous nous trouvons, je n'ai guère que des vœux à t'offrir et je te les envoie du fond du cœur, je te l'assure, pour toi et pour tous les tiens ; je ne t'écris que quelques lignes uniquement pour t'envoyer un souvenir ; j'ai écrit plus longuement à mon père, qui te communiquera ma lettre, je pense.

« Nous serons le 18 au camp de Châlons, où nous allons nous ravitailler : combien de jours y resterons-nous ? 2, 3 ou 5 jours au plus : *Quien sabe ?* comme disent les Mexicains.

« Dieu est grand et le soit !

« Je n'ai pas besoin d'argent ; ce qui me manque, vous ne pouvez me l'envoyer, et j'espère pouvoir me le procurer, soit à Mourmelon, soit à Châlons.

« A-t-on des nouvelles de Jules de Saint-Sauveur ? le pauvre garçon est brillamment tombé.

« As-tu reçu toutes mes lettres ?

« J'embrasse tendrement mes neveux, mes respectueux hommages à tes parents, mes compliments affectueux aux Savigny et à tes cousins du Verne, un bon souvenir à M. le Curé d'Apremont.

« Adieu, chère belle, je te renouvelle tous mes vœux de bonne fête. Je t'embrasse ainsi que Charles, et vous aime l'un et l'autre en frère tendrement affectionné.

« STA. »

« BIEN CHER ET AIMÉ PÈRE,

« Deux mots, en courant, pour vous dire que nous ne savons plus où nous allons : nous nous retirons sur l'Aube[1] ; ne m'écrivez donc ni à Châlons, ni au camp, prévenez-en Marie, à qui j'ai écrit hier une lettre d'ici, en même temps qu'à vous.

« Quand je saurai qu'il y a des moyens de communication avec Paris, je vous écrirai quelques mots ainsi qu'à Marie. Un corps

1. En effet, le 16 août, le maréchal de Mac-Mahon sur un faux renseignement annonçant la présence des Prussiens à Bar-le-Duc et Blesme, avait donné l'ordre à toute son armée de se diriger sur l'Aube. Sur un démenti arrivé du ministère de la guerre le jour même, la marche fut reprise sur le camp de Châlons.

prussien est à Bar-le-Duc ; que fait donc toute l'armée qui n'a pas donné ?

« C'est presque le cas de dire : *Quos vult perdere dementat...* L'influence sidérale d'août et de septembre serait-elle donc vraie ?

« Adieu, cher et aimé père, je vous embrasse du fond du cœur en fils tendrement affectionné.

« STANISLAS. »

« 16 août, 8 h. du matin. »

« P.-S. — Je vous engage à quitter Paris avant que les Prussiens n'y arrivent. Le bruit circule que Mac-Mahon, avec la moitié des débris de son armée (car la moitié de son infanterie est au camp de Châlons), bat en retraite sur Paris. »

« Vitry, le 17 août 1870.

« BIEN CHER ET AIMÉ PÈRE,

« Nous voici décidément dirigés sur le camp de Châlons, là je pourrai recevoir vos lettres,

« Pressé par l'heure, je n'ai que le temps de vous embrasser du fond du cœur et de

6

vous dire que je vous aime en fils tendrement affectionné.

« STANISLAS. »

La cavalerie et l'artillerie de réserve arrivèrent au camp de Châlons le 19. Le 1ᵉʳ corps
s'y trouvait déjà réuni. Le 5ᵉ corps l'y rejoignit bientôt, ainsi que deux divisions du
7ᵉ corps venant de Belfort et de Lyon en passant par Paris.

Dès son arrivée, le capitaine d'Orcet écrivait
à son père :

« Bivouac de Livry, camp de Châlons, 20 août 1870.

« BIEN CHER ET AIMÉ PÈRE,

« Je comptais trouver des lettres un peu récentes de vous, en arrivant ici, et je ne trouve
que trois lettres de vous, à la date du 7, du 10
et du 11 courant, j'ai pourtant écrit à Marie
une lettre de Colombey-les-Belles le 12 ; pour
plus de sûreté, cette lettre était sous le couvert
de M. Comoy, pharmacien à Nevers, avec le

timbre du pharmacien de l'endroit[1] ; je vous ai écrit à tous deux le 15 de Vitry et encore une fois le 16 de Vassy, pour vous annoncer mon arrivée ici. Je profite d'une occasion sûre pour vous envoyer cette lettre en même temps que le courrier particulier du maréchal, car il n'en envoie plus que de cette façon pour être sûr qu'elles parviennent.

« Adieu...

« STA. »

Je voudrais rappeler ici la rencontre bien piquante du capitaine d'Orcet et de Paul Déroulède, que ce dernier raconte dans le premier volume de ses *Feuilles de route*. Paul Déroulède, sous-lieutenant au 16° bataillon de la garde mobile de la Seine, venait de refuser de retourner à Paris, où l'on renvoyait honteusement son bataillon arrivé au camp de Châlons quelques jours plus tôt. Il avait pris la résolution de s'engager comme simple soldat au 3° régiment de zouaves et se rendait, le

1. Cette lettre est arrivée à destination, mais nous ne l'avons pas reproduite, car elle ne renferme que des détails déjà connus sur la bataille du 6 août.

18 août, à travers le camp, auprès du colonel Bocher, qui commandait ce régiment. Je laisse la parole à Paul Déroulède :

« Egaré que j'avais été la veille par mon guide fantaisiste, je ne savais quel chemin prendre pour regagner mon futur régiment. J'étais obligé de me renseigner à chaque tournant. Un de mes donneurs de renseignements se trouva être un officier de cuirassiers, le capitaine d'Orcet, « 2ᵉ escadron, 4ᵉ régiment ». Il m'énuméra ainsi ses titres, quand il eut appris de moi pourquoi je cherchais le 3ᵉ zouaves. Selon toute probabilité, ma haute taille l'avait séduit, et il n'admettait pas mon enrôlement dans les fantassins. « Cuirassier ! Soyez cuirassier ! Vous êtes fait pour ça, je vous ferai donner un bon cheval, vous devez aimer le cheval ?

— Beaucoup comme moyen de promenade, mon capitaine, assez comme moyen de transport, mais non pas du tout comme moyen de combat. Avoir son cheval tué ou blessé immobilise le cavalier le plus vigoureux, qui reste seul et désemparé, voit ses camarades courir en avant sans pouvoir les suivre et n'est plus bon à rien, si valide qu'il soit. J'aime mieux ne dépendre que de mes jambes ; elles, du moins, me porteront partout où je voudrai tant qu'elles seront intactes. Sans compter qu'une bonne parole de moi à mes camarades peut leur faire du bien, et je ne vois pas du tout ni ce que des conseils, ni ce que l'exemple peuvent sur des chevaux. Ceci soit dit sans déprécier la très belle charge de Morsbronn.

— Ce n'est pas notre charge qui vous dépréciez, jeune biffin, c'est le cheval de guerre lui-même qui est une bête beaucoup moins bête que vous ne croyez. Il en est qui sont plus braves que leurs cavaliers. Vous dites qu'une bonne parole ne leur sert de rien. Détrompez-vous, les chevaux comprennent les intonations, sinon les mots. On les entraîne tout autant par la voix que par l'éperon. Et puis quel plus beau rôle à jouer que celui de sauver l'armée en couvrant sa retraite ou d'achever une victoire en poursuivant l'ennemi ! A Reichshoffen nous n'avons été qu'une muraille d'acier, mais derrière cette muraille s'est reformée l'armée qui est aujourd'hui au camp de Châlons. Nous serons demain le boulet vivant qui dispersera les fuyards... S'il plaît à Dieu ! ajouta-t-il, en baissant la voix, comme s'il se fût repenti de son trop orgueilleux espoir.

— Et il plaira à Dieu ! repris-je à mon tour. Mais quand vous achèverez la victoire ce ne seront pas moins les biffins qui l'auront commencée. »

« Tout en devisant de la sorte, nous étions arrivés à l'embranchement de la route qui allait me conduire aux zouaves.

« Si convaincu qu'il dut être de mon obstination à m'enrôler dans la « piédaille », comme disaient ses anciens, les dédaigneux chevaliers du Moyen-Age, le capitaine de cuirassiers ne m'en donna pas moins, avant de me quitter, toutes les indications voulues pour retrouver son escadron, dans le cas où j'aurais la sagesse de changer de décision.

« Nous nous séparâmes sur une poignée de main et avec ce vœu que s'adressent tous les soldats : « Bonne chance[1] ! »

---

1. *Feuilles de route, 1870-71*, par Paul Déroulède, t. I.

Ce souhait s'est en partie réalisé, puisque l'un et l'autre des interlocuteurs revinrent sains et saufs de la campagne.

Il est permis de penser que ce qui avait séduit le capitaine d'Orcet et ce qui l'avait fait insister auprès de Paul Déroulède pour l'emmener avec lui aux cuirassiers, c'était bien plutôt que sa haute taille, l'ardent patriotisme qu'il avait trouvé chez le jeune homme. Ces deux hommes, d'opinions bien différentes sur d'autres points, avaient le même amour de la Patrie et le même désir de la servir vaillamment. Ils devaient avoir aussi tous les deux le même sort : ils combattirent à Sedan, furent emmenés prisonniers en Allemagne et furent décorés tous les deux de la Légion d'honneur pour leur belle conduite sur le champ de bataille ; ils prirent enfin part aux luttes de la Commune où, comme on le sait, Paul Déroulède, sous-lieutenant de chasseurs, eut le bras cassé par une balle.

Pendant son court séjour au camp de Châlons, le capitaine d'Orcet écrivit encore les lettres suivantes :

« Quartier général, 20 août.

« BIEN CHER PÈRE,

« Deux mots en courant pour vous annoncer que je suis décoré : le maréchal m'a donné le n° 1 de la cavalerie.

« Je n'ai que le temps de fermer ma lettre pour qu'elle parte par une occasion sûre.

« Au revoir donc, je vous aime et vous embrasse de tout cœur, en fils tendrement affectionné.

« STANISLAS.

« Nous quittons le camp incessamment. Division de cavalerie de réserve de l'armée de Mac-Mahon. »

A sa sœur Madame du Verne :

« Bivouac de Livry,
camp de Châlons.

« Je profite d'une occasion, chère mignonne, pour vous envoyer cette lettre à Paris, qui t'arrivera ainsi d'une façon plus certaine ; c'est mon ami de Beugne, qui va à Paris rejoindre son régiment, qui la mettra lui-même à la poste. Je t'envoie un petit bout de ruban que j'ai gagné à l'attaque de Wœrth où j'ai rallié les débris d'un régiment d'infanterie en déroute pour le ramener au feu. Cette récompense m'a été agréable, mais moins que le petit compliment que m'a adressé le maréchal à cette occasion en me disant qu'il était content de moi. Je l'ai reçue hier cette croix, et le chef d'État-major m'avait prévenu le matin que le maréchal m'avait donné pour cette récompense le n° 1 de la cavalerie, j'en envoie un bout pareil à mon père[1].

« Je vais bien aujourd'hui et suis tout à fait remis d'une petite dysenterie que j'avais contractée à coucher dans la boue à la belle étoile, car nous avons perdu tous nos bagages à Reichshoffen. Je suis réduit à ce que je porte, j'ai perdu un cheval et l'autre a deux balles. Heureusement que cette bonne Catherine est

1. Nous avons trouvé, jointe à cette lettre, une enveloppe contenant le bout de ruban que le capitaine d'Orcet envoyait à son père avec l'inscription de la main de M. le Vicomte d'Orcet : Ruban de Sta. Elle renfermait en outre une coupure d'un journal d'Auvergne ainsi conçue : « C'est avec plaisir que nous apprenons que notre jeune compatriote, M. Stanislas d'Orcet, capitaine de cuirassiers, a été décoré de la Légion d'honneur sur le champ de bataille de Frœschwiller le 6 août. »

pleine de courage et me porte quand même ; si nous en revenons, je vous demanderai les invalides pour elle au Veuillin.

« J'embrasse tendrement mes neveux, mes respectueux et affectueux hommages à tes parents, compliments et amitiés aux du Verne, Savigny, au curé d'Apremont, à celui de la grande paroisse, écris à mon oncle de Poterat pour moi.

« Au revoir, chère belle, quand il plaira à Dieu, et en attendant je t'aime et embrasse du fond du cœur ainsi que mon bon Charles, en frère tendrement affectionné.

STANISLAS.

« 4e cuirassiers. — Division de réserve de cavalerie de l'armée de Mac-Mahon à Reims probablement.

« Jules de Saint-Sauveur est hors de danger, m'annonce une dépêche, que je crois très sûre, ainsi conçue : Colonel de Grammont va bien de son amputation, Jules de Saint-Sauveur hors de danger. Mes respects et compliments à la marquise et au marquis de Saint-Sauveur. »

« Bivouac de Livry, camp de Châlons,
21 août 1870.

« BIEN CHER PÈRE,

« Deux mots à la hâte qui seront remis chez vous par un ami sûr. Je vous envoie avec toutes mes amitiés un morceau de mon ruban. J'espère que vous avez reçu les deux lettres que je vous ai écrites hier. J'envoie par la même occasion une lettre à Marie pour lui porter deux mots de souvenir et lui annoncer ma nomination dans la Légion d'honneur. C'est à l'attaque de Wœrth que j'ai ramassé ce bout de ruban qui n'est pas teint de mon sang mais qui, malheureusement, l'est de celui d'une foule de nos soldats, de mes camarades et même de mes amis, comme Vogüé et ce pauvre Cramayel (n'écrivez rien à sa famille), il y a encore un peu d'incertitude sur le sort de ce pauvre ami et on tâche de laisser à sa mère le plus d'espoir possible.

« L'armée de Mac-Mahon va prendre position sur les hauteurs de Reims et nous restons provisoirement avec sept régiments de cavalerie au camp de Châlons ; nous allons ce soir bivouaquer entre les deux Mourmelon.

« Ecrivez-moi désormais : 4ᵉ cuirassiers, Division de réserve de cavalerie de l'armée de Mac-Mahon.

« Au revoir, bien cher père, je vous embrasse de tout cœur en fils tendrement affectionné.

« STANISLAS.

« Nous avons été dépossédés de tout ; j'ai peur que mes habits ne m'abandonnent avant que je ne les quitte. Une bonne dame de Vitry m'a donné une chemise de son mari, de sorte que j'ai pu changer ; elle s'appelle Madame Chevassu, son mari est directeur des contributions indirectes ; vous leur devez des remerciements, si je ne puis les leur faire moi-même, ainsi qu'à M. Charles Henrys de Neufchâteau ; ces deux familles m'ont comblé de soins et m'ont aidé à me soigner d'une forte dysenterie que j'avais contractée à recevoir la pluie pendant quatre jours et à coucher, soit dans la boue, soit dans les écuries, où nous étions trop heureux de pouvoir nous abriter dans notre désastreuse retraite.

« Aujourd'hui, je suis frais et dispos grâce à Dieu ! Ne cherchez à rien m'envoyer, cela serait inutile.

« Je vous embrasse encore. J'écris deux mots à Marie.

« STANISLAS.

« Jules de Saint-Sauveur est hors de danger, heureusement. — Le duc de Lesparre a une balle dans la jambe. J'ai écrit à la duchesse par l'occasion d'hier. »

La famille du capitaine d'Orcet reçut également de ses nouvelles par cette lettre adressée à Mme du Verne par sa cousine Mme de Clerval :

« Durtol, le 28 août 1870.

« MA CHÈRE MARIE,

« J'ai eu hier des nouvelles de Stanislas, par quelqu'un qui l'a vu, ces jours-ci, à Châlons. Un de nos amis, M. d'Osmond, ancien officier de chasseurs en retraite, à Clermont, a son fils dans un des régiments de cuirassiers qui étaient à la journée du 6. Ce pauvre père a été après ces batailles, pendant 11 jours, sans nouvelles ; il a été si éprouvé par son inquiétude qu'il est parti pour embrasser son fils, disant qu'il ne voulait pas mourir sans l'embrasser. Il a donc couru après les débris de ce régiment et il est parvenu à trouver son fils au bivouac près de Châlons. De plus, étant convaincu de tout le plaisir qu'il nous ferait en nous apportant des nouvelles de Stanislas, il a demandé à l'hôtel où il a couché si on ne pouvait pas le mettre sur la trace du capitaine d'Orcet du 4e cuirassiers. Justement, Stanislas, un peu fatigué et ayant les entrailles éprouvées, avait couché à l'hôtel, et il l'a trouvé au moment où, à la pointe du jour, il allait rejoindre le camp qui partait à l'instant même.

« M. d'Osmond m'a dit : « C'est un grand beau jeune homme, à la figure très militaire, J'ai été frappé de son bon air et de ses manières, il est pâli et ses traits portent les traces de ses grandes fatigues. Il a témoigné le plus grand plaisir en ayant ainsi des nouvelles de sa famille au moment où il s'y attendait le moins, et j'ai été très heureux moi-même de lui donner des vôtres... »

. . . .

———

CHAPITRE IV

L'ARMÉE DE CHALONS ET SEDAN

Dès l'arrivée des premières troupes au camp de Châlons, le maréchal de Mac-Mahon s'était occupé de reconstituer ses unités. On comblait les vides avec les rappelés et les engagés, on formait le 12ᵉ corps avec les régiments d'infanterie de marine, et les quatrièmes bataillons tirés des dépôts. Le général Lebrun en prenait le commandement, tandis que le général Ducrot était placé à la tête du 1ᵉʳ corps.

L'Empereur, arrivé au camp dans la nuit du 16 au 17, nommait Mac-Mahon commandant en chef de l'armée de Châlons. Cette armée comptait environ 140.000 hommes : 4 corps d'armée (1ᵉʳ, 5ᵉ, 7ᵉ et 12ᵉ) avec deux divisions de cavalerie indépendantes (de Bonnemains et

Margueritte) et une réserve d'artillerie. Toutes ces troupes avaient été très éprouvées par la retraite ou présentaient peu de solidité par suite de leur formation trop récente.

La destination de cette armée n'était pas encore fixée. A la suite d'un conseil de guerre tenu le 17, on avait pensé qu'elle devait couvrir Paris, ce qui était le parti le plus sage ; mais bientôt, sur les instances de l'Impératrice, qui craignait pour la sécurité de la dynastie le retour dans la capitale de Napoléon III vaincu, on décida que Mac-Mahon irait au secours de Bazaine. Celui-ci, après les batailles de Vionville (16 août) et Saint-Privat (18 août), venait d'être enfermé dans Metz par les Ire et IIe armées allemandes. L'armée de Châlons allait donc se diriger sur Reims et de là sur Metz pour prendre les Prussiens entre deux feux. Mais, pour exécuter ce plan il fallait de la décision et de la rapidité ; il fallait aussi, de la part de Bazaine, la ferme volonté de donner la main à Mac-Mahon et de tenter un vigoureux effort dans ce sens. Or Bazaine écrivait bien, le 22 août, qu'il allait sortir et se retirer sur Montmédy, mais il ne bougeait pas. D'autre part, au lieu de marcher sans perdre de temps, l'armée de Châlons allait se traîner de bivouacs en bivouacs de Reims à Rethel, de Rethel à la Meuse, obligée de se rapprocher de la voie ferrée pour se réapprovisionner, mal éclairée par sa cavalerie dont la plus grande partie est reléguée en queue des colonnes, sous la menace constante d'une attaque et d'une surprise. L'absence de distributions engendrant la maraude et l'impunité des actes d'indiscipline viendraient encore, autant que les fatigues supportées, affaiblir le moral des troupes déjà très entamé. Quelques-unes, cependant, comme on le verra par les lettres du capitaine d'Orcet, avaient encore confiance dans le succès.

Mac-Mahon quitta le camp de Châlons le 21 août, y laissant la division de Bonnemains pour couvrir l'arrière-garde. Cette division ne se mit en marche que le 23 et suivit l'itinéraire que va nous indiquer le capitaine d'Orcet. Pendant presque toute la campagne, elle fut maintenue en seconde ligne :

« Auberive, 24 août 1870.

« Bien cher et aimé père

« Je vous écris à la hâte ces quelques lignes pour vous dire que je pense toujours à vous et à Charles et Marie. Je pense que vous avez, à l'heure qu'il est, les lettres que je vous ai adressées par l'occasion du camp de Châlons. Je vais bien, quoique le temps soit mauvais et la vie assez dure au bivouac. Après avoir paru battre en retraite sur Reims, Mac-Mahon s'est porté brusquement en avant, sa tête couverte par nos régiments et six autres de lanciers ou cavalerie légère, en tout dix régiments à cheval. Nous couvrons la ligne de la Suippe et maintenant l'infanterie reprend la tête, et nous croyons que nous marchons sur Vouziers, courant à la rencontre de l'armée prussienne qui a dû être trompée par notre mouvement de retraite apparent sur Paris, par Reims.

« Nous cherchons à livrer bataille pour donner la main à Bazaine. Nous nous battrons, sans doute le 25 ou le 26. Que Dieu protège les armes de la France !

« Sur ce, bien cher père, au revoir quand il plaira à Dieu, et en attendant, je vous aime et vous embrasse du fond du cœur, ainsi que Charles et Marie, en fils tendrement affectionné.

« STANISLAS. »

« Du bivouac de Rethel,
le 26 août 1870.

« Je t'écris à la hâte ces quelques lignes, chère mignonne, pour t'envoyer un souvenir de mon affection et te dire que je vous embrasse tous du fond du cœur.

« Je vais bien, nous allons coucher à Attigny, de là au Chêne-Populeux et à la Croix-aux-Bois (la campagne de Dumouriez) ; et nous tomberons sur les derrières des Prussiens, après-demain le 28 ou 29 au plus tard.

« Je vous embrasse tous du fond du cœur, et toi bien en particulier. J'ai la plus grande confiance que je pourrai vous embrasser un jour pour de bon.

« STANISLAS. »

« Du bivouac sous Rethel,
(lettre écrite le matin), 26 août 1870.

« BIEN CHER ET AIMÉ PÈRE,

« Deux mots en courant pour vous porter un souvenir d'affection et vous dire que je vais bien, complètement bien ; les nuits sont un peu froides, et quand on se lève de dessus sa couverture, on est un peu raide, mais tout cela n'est rien pourvu que nous ayons notre revanche, ce qui ne tardera pas.

« Ma préoccupation est pour ma bonne Catherine, car les chevaux ont encore plus de privations que nous ; par toutes ces marches forcées ils n'ont presque rien à manger ; depuis deux jours nous ne touchons pas de foin, ils sont obligés de se contenter de 6 k. d'avoine, aussi j'achète du foin à tout prix.

« Dans ce moment-ci, après un mouvement simulé de retraite, nous courons au nord pour envelopper l'ennemi à son tour entre nous et Bazaine ; ce soir nous allons à Attigny, demain au Chêne-Populeux et à la Croix-aux-Bois, les défilés des Argonnes, et puis en avant à la grâce de Dieu ! Nous nous battrons sans doute après-demain, et ce jour-là seront, on peut le dire, fixées les destinées de la France ! Il n'est pas de jour où je ne pense à vous, à Marie, à Charles, à mon oncle de Poterat, etc. . . . .

« STANISLAS.

« Frédéric de Beaumont, qui a quitté son poste de secrétaire d'ambassade pour solliciter une place au feu, est venu m'embrasser et m'a donné sa croix, car je n'avais qu'un ruban. En me la donnant il m'a dit qu'elle avait été au feu en Amérique et à la guerre du Brésil, qu'elle lui avait porté bonheur et qu'il pensait qu'il en serait de même pour moi.

« Je vous embrasse encore, j'écris deux lignes à Marie pour les embrasser tous. »

« Attigny, 26 août 1870,
(*Lettre écrite le soir*)

« BIEN CHER ET AIMÉ PÈRE,

« Nous sommes à Attigny, joli village qui a jadis été une grande ville ; il y a là les ruines d'un palais bâti par Clotaire II vers 640, qui fut habité par Charlemagne ; c'est dans l'église que Witikind a été baptisé. L'église est romane, comme vous pouvez le penser, mais la façade est hideusement restaurée dans le style grec et le chœur est bêtement revêtu de marbre de diverses couleurs ; ces sottes réparations ont été faites vers la fin du premier empire ou sous la Restauration. On n'a pas su me le dire.

« Nous sommes à la veille d'une bataille, nous nous battrons demain vers le milieu de la journée ou après-demain au plus tard ; et c'est parce que nous sommes dans un moment solennel que je vous écris ces quelques lignes qui vous seront un gage de ma profonde et sincère affection, pour vous d'abord, puis pour Marie et Charles. Je vous écris comme j'ai écrit à Marie de Reichshoffen la veille de la bataille de Frœschwiller, seulement j'espère que nous sommes à la veille d'un triomphe.

« Où nous battrons-nous ? Je l'ignore. Ce sera à Vouziers ou au Chêne-Populeux dont nous sommes à égale distance ; le bruit court que le 7° corps (Douay), qui est en tête de notre armée à Vouziers (20 kilomères), aurait eu aujourd'hui, vers 3 heures, des engagements d'avant-garde, dans lesquels l'avantage nous serait resté, mais il n'y a rien de sûr à cet égard [1].

« Il est 9 heures 1/2, je regagne mon bivouac pour dormir une bonne nuit avant la journée de demain et je n'ai plus que le temps de vous embrasser.

« Au revoir, quand il plaira à Dieu et après avoir battu les Prussiens, je l'espère ; et en attendant, je vous aime et embrasse de tout cœur en fils tendrement affectionné.

« STANISLAS.

« Il va sans dire que j'embrasse aussi Marie, Charles, mon oncle de Poterat et tous ceux que vous savez. Je vous écris de chez le barbier ; car c'est la seule coquetterie qui puisse me rester de soigner ma barbe. On disait jadis : « Voilà les bataillons de la Moselle en

---

1. En réalité, le 7° corps, dont une brigade avait été envoyée à Grandpré et à Busancy, n'avait rencontré que quelques patrouilles d'éclaireurs ennemis qu'il avait dispersés à coups de canon. Son chef avait cru se trouver en présence de forces considérables.

sabots ; aujourd'hui on peut dire : « Voilà les soldats de Frœschwiller en haillons. » Je vous conjure de ne m'envoyer aucun argent, il serait perdu et je n'en ai nul besoin, je vous embrasse encore mille fois, j'embrasse l'oncle Hercule. »

« Raucourt, Ardennes, 30 août 1870.
(Lettre adressée à M. le vicomte d'Orcet à Paris, renvoyée à Orcet, par le Cendre (Puy-de-Dôme).

« BIEN CHER ET AIMÉ PÈRE,

« Nous n'avons pas encore livré bataille, les Prussiens s'obstinent à rester dans des positions très fortes et couvertes de bois, mais nous allons passer la Meuse à Mousson ou Mouzon, et il est décidé que nous les attaquerons quand même.

« Que Dieu nous soit en aide ! Nous sommes tous pleins d'entrain et ne demandons qu'une revanche. Plaise au ciel que notre espérance ne soit pas vaine ! car c'est presque un va-tout que nous allons jouer.

« Je vous écrirai aussitôt que je le pourrai,

en attendant je vous aime et embrasse de tout cœur en fils tendrement affectionné.

« STANISLAS. »

« Raucourt (Ardennes), 3o août 1870.

« Je t'écris ces quelques lignes, chère belle, pour te rappeler que je vous aime tous et te dire avec quel plaisir, au milieu de toutes nos fatigues, je pense à toi et à ceux que j'aime.

« Nous sommes malheureusement poursuivis depuis plusieurs jours par des pluies continuelles qui ajoutent beaucoup à nos souffrances, car nous n'avons rien pour changer et nous couchons, pour nous remettre, dans la boue que nous recouvrons d'un peu de paille, quand nous en trouvons. Enfin c'est la guerre.

« Nous n'avons pas livré bataille comme je te l'écrivais d'Attigny, parce que les Prussiens s'obstinent à ne pas sortir des bois qui recouvrent les hauteurs.

« Avant-hier le maréchal a songé un instant à les attaquer, sur les hauteurs de Grandpré ; Mais il a reculé devant leurs positions formidables ; nous allons partir dans quelques heures pour franchir la Meuse à Mousson ou Mouzon, puis nous leur courrons tous dessus partout et quand même ; il le faut, que Dieu nous garde ! car c'est presque une partie suprême que nous allons jouer.

« Ce sera donc pour demain ou après-demain la petite fête, et c'est pour cela que je t'écris ces quelques lignes pour vous envoyer à tous un souvenir de mon affection et de mes constantes pensées qui sont bien souvent dirigées vers vous.

« Je n'ai besoin d'aucun argent, car je ne puis rien acheter et notre vie est des plus frugales ; avant-hier notre déjeuner nous a coûté neuf sous : 10 sous de saucisson, deux livres de pain et un litre de vin, tel a été le menu de six officiers. Notre solde est donc bien plus que suffisante et je suis bourré d'argent.

« Mes souvenirs à tous ceux que j'aime, l'oncle Hercule, l'oncle de Poterat, etc.

« Mes respectueux hommages à tes parents, j'embrasse tendrement mes deux neveux. Sur ce au revoir et je t'embrasse tendrement ainsi que Charles, en frère tendrement affectionné.

« STANISLAS. »

Or, tandis que l'armée de Mac-Mahon se reconstituait à Châlons et exécutait cette marche hésitante vers la Meuse, l'armée du prince royal de Prusse, après la bataille du 6 août, avait traversé les Vosges en cinq colonnes. Elle avait atteint la Sarre le 11, la Moselle le 17, la Meuse le 19, et marchait sur Paris, de concert avec la IVᵉ armée qui venait d'être formée avec les deux corps saxons, détachés de l'armée de Metz, la Garde, deux divisions de cavalerie, et avait été placée sous les ordres du prince royal de Saxe.

Le roi Guillaume et le grand quartier général marchaient avec elle. Ces deux armées comptaient en tout 240.000 hommes ; éclairées par 5 divisions de cavalerie, elles atteignaient, le 25 août, la IIIᵉ armée la Marne, la IVᵉ le cours de l'Aisne.

Le commandement allemand ignorait alors les projets de Mac-Mahon, mais le 26 une indiscrétion de la presse française et un télégramme de Londres apprenaient au roi la marche de l'armée de Châlons sur Metz. Le même jour, deux escadrons de dragons bleus de Hanovre arrivaient en reconnaissance au camp de Châlons, qu'ils trouvaient évacué et brûlé. Il s'agissait donc d'arrêter, le plus tôt possible, l'armée française dans cette marche au secours de Bazaine. Le général de Moltke envoyait immédiatement au prince royal de Saxe l'ordre de mettre sa subdivision d'armée en marche dans la direction de Vouziers, où « les nouvelles parvenues rendaient vraisemblable la concentration du maréchal de Mac-Mahon ». Les troupes devaient « laisser en arrière tous les convois qui n'étaient pas strictement indispensables »[1]. En même temps, il prescrivait à la IIIe armée de se conformer à ce changement de direction vers le Nord et lançait toute sa cavalerie à la découverte. De notre côté, on ne se doutait guère de la proximité des armées allemandes. Le 27 au soir, le ministre de la guerre écrivait à Mac-Mahon au Chêne-Populeux : « Vous avez au moins 36 heures d'avance sur l'ennemi », alors que les têtes de colonne de la IVe armée se trouvaient à Dun et à Buzancy et que l'avant-garde de la IIIe armée allait arriver le 28 au

1. *Correspondance du maréchal de Moltke.*

matin à Vouziers, à 12 heures de marche de nos colonnes.

Le 29, le maréchal de Moltke télégraphait aux commandants des deux armées allemandes :

> « Quartier général Grand-Pré,
> 29 août 1870, 11 heures soir.

« Toutes les nouvelles reçues aujourd'hui s'accordent à montrer que l'ennemi se trouvera demain matin avec ses forces principales entre Beaumont et le Chêne-Populeux et éventuellement au sud de cette ligne.

« S. M. prescrit de l'attaquer. »

Effectivement, le lendemain 30, à midi, le 5ᵉ corps (de Failly) était surpris au bivouac de Beaumont, canonné et mis en déroute malgré l'intervention des 7ᵉ et 12ᵉ corps qui s'étaient portés à son secours à Mouzon. Toute l'armée de Mac-Mahon, dans un désordre inexprimable, refluait sous les murs de Sedan, où elle s'établissait au bivouac, épuisée de fatigues et de privations.

Ce même jour 30 août, la division de Bon-

nemains avait quitté son bivouac de Raucourt
à deux heures du soir, se dirigeant, non plus
sur Mouzon, mais sur Remilly. On entendait
dans le lointain le canon de Beaumont, et il
fallait se hâter, car l'attaque se rapprochait.
A 10 heures du soir, la division traversait la
Meuse à la suite du 1ᵉʳ corps d'armée. Le
prince Bibesco raconte ainsi le passage de la
rivière par les cuirassiers :

« Dans la matinée, le génie avait établi, à
l'aide de quelques bateaux, sur la Meuse, près
de Remilly, une passerelle en bois, étroit
passage réservé à l'infanterie et où deux hommes seulement pouvaient s'engager de front ;
à côté de la passerelle, il avait également
construit un pont destiné à la cavalerie et à
l'artillerie. Ce dernier n'avait guère plus de
deux mètres de large. Or, sous le poids des
voitures, les terres avaient fini par céder, les
bacs qui supportaient le tablier du pont
avaient été en partie submergés, le pont s'était
affaissé et il se trouvait à quatre ou cinq cen-
timètres au-dessous du niveau des eaux. Ce
qui avait encore contribué à cet état de choses,
c'est la fermeture du barrage destiné à inon-

der les abords de Sedan, laquelle avait amené une crue subite de la Meuse.

« Il est 10 heures ; la division de cavalerie de Bonnemains est engagée sur le pont. Les chevaux, effrayés de ne pouvoir distinguer ce plancher mouvant caché sous les eaux et qui se dérobe sous leurs pieds à chacun de leurs pas, n'avancent qu'avec répugnance, le cou tendu, les oreilles dressées. Droits sur leurs étriers, enveloppés de leurs grands manteaux blancs, les cuirassiers passent silencieux ; ils semblent portés par les eaux. Deux feux allumés sur chacune des rives, aux deux extrémités du pont, éclairent seuls de leur lumière blafarde hommes et chevaux ; leurs flammes se reflètent d'une façon étrange dans les casques brillants des cavaliers et donnent à ce spectacle quelque chose de fantastique[1]. »

Après avoir passé le Chiers à Douzy, le 4e cuirassiers continuait sa marche sur Carignan, puis revenait près de Douzy et y bivouaquait à minuit dans un champ de betteraves.

Le 31, la division marchait sur Sedan et

1. Prince Bibesco, *Belfort, Reims, Sedan.*

s'établissait au bivouac près de Floing, dans une prairie entre la Meuse et la route de Floing à Sedan.

Le lendemain 1ᵉʳ septembre, avait lieu la bataille de Sedan. On connaît les événements de cette journée : la belle résistance de l'infanterie de marine à Balan et à Bazeilles, les atrocités commises par les Bavarois dans ce dernier village ; les charges héroïques de la division Margueritte à Floing ; les déplorables changements survenus dans le haut commandement au cours même de la bataille, par suite de la blessure du maréchal de Mac-Mahon, enfin les tentatives désespérées faites au soir de la journée par les généraux de Wimpfen et Lebrun, ainsi que par le commandant d'Alincourt, du 1ᵉʳ cuirassiers, pour faire une trouée dans les lignes prussiennes. Après une lutte sanglante, l'armée française, écrasée par l'artillerie prussienne, était cernée par les deux armées allemandes et faite tout entière prisonnière de guerre.

La division de Bonnemains ne fut pas engagée pendant la bataille.

« Dès la pointe du jour par un brouillard

intense, les cuirassiers montaient à cheval, traversaient la route de Floing à Sedan et venaient se masser dans un pli de terrain qui s'étend vers les bois de la Garenne.

« La division restait plusieurs heures dans ce ravin, où elle s'engageait de plus en plus pour échapper aux obus ennemis qui arrivaient en grande partie des hauteurs du nord-ouest occupées par les batteries des XIe et V[e] corps prussiens. Le 4e cuirassiers perdit là un officier et une trentaine d'hommes blessés.

« Vers trois heures, la division s'établissait sur le plateau de l'Algérie.

« Une demi-heure après, ordre était donné de mettre le sabre à la main et l'on s'attendait à recevoir l'ordre de charger et à renouveler les sacrifices de Reichshoffen ; mais il ne fut pas fait appel à la division, qui se retirait vers 4 heures sur Sedan [1]. »

Le lendemain même de la bataille, M. Charles du Verne envoyait un mot à M. le vicomte d'Orcet pour le rassurer sur le sort de son fils :

---

1. *Histor. du 4e cuirassiers.*

« Samedi matin.

« MON CHER PÈRE,

« Une dépêche pour vous de la comtesse de la Tour du Pin nous annonce que Stanislas est prisonnier bien portant.

« Arrivez-nous donc, vous n'avez plus à rester à Paris. »

Enfin, trois jours après Sedan, le capitaine écrivait lui-même à son père les lettres suivantes :

« Dans la plaine sous les murs de Sedan,
4 septembre 1870.

« BIEN CHER ET AIMÉ PÈRE,

« Je vais bien, j'ai passé au milieu d'une grêle d'obus sans avoir autre chose qu'une égratignure au doigt dont je ne me suis pas même aperçu et deux marques à mon casque. Je suis prisonnier, les Prussiens sont polis pour nous et très convenables ; seulement nous crevons de faim et couchons dans la boue, à la belle étoile ; ils nous ont laissé nos armes et ont donné des éloges à la manière dont nous nous sommes tous conduits, les cuirassiers et l'artillerie en particulier. J'ai été en parlementaire, le soir de la bataille, chez le général de Moltke, et c'est en cette circonstance que j'ai appris leur opinion sur notre compte.

« Je vous écrirai quand je pourrai, mais j'ai tenu à vous dire que, malgré notre douloureuse et désastreuse défaite, mon moral est aussi bon que ma santé et que je vous aime toujours.

« Au revoir, mon cher père, quand il plaira à Dieu et, en attendant, je vous aime et embrasse de tout mon cœur, en fils tendrement affectionné.

« STANISLAS. »

« Au camp des prisonniers sous les murs de Sedan,
8 septembre 1870.

« BIEN CHER ET AIMÉ PÈRE,

« Je profite d'une occasion sûre pour vous faire parvenir ce petit mot, par la Belgique, puisque la poste française a refusé de transporter les lettres des prisonniers, nous ont dit les Prussiens. Vous n'avez donc pas reçu, sans doute, les lettres que je vous ai écrites à plusieurs reprises, ainsi qu'à Marie, depuis notre déplorable défaite ; vous comprendrez que je ne puis vous donner de grands détails, car je suis pressé et fort occupé. Je suis actuellement commissaire du 1ᵉʳ corps d'armée, pour les vivres et pour le départ successif des prisonniers, ce qui me donne ainsi qu'aux officiers qui me sont adjoints un travail considérable. C'est un spectacle bien affligeant que présente cette plaine couverte de boue, dans laquelle grouille, sans autre abri que les arbres, une foule presque affamée, car les vivres nous sont donnés avec la plus avare parcimonie, que traversent avec des hennissements furieux des hordes de chevaux affolés par la famine la plus absolue, car les Prussiens ont pris ce qu'il y avait de mieux, nous laissant tous les blessés et les arabes, dont ils ont peur et que commence à infecter les cadavres de chevaux qui meurent à mesure que la faim les tue et les immondices résultant du séjour de près de 80.000 hommes sur un espace aussi restreint.

« Que vous dirai-je de la bataille? Elle a été terrible, mais, bien moins que Frœschwiller; une partie de l'infanterie n'a pas tenu, elle était affolée par la pluie d'obus qui nous arrivait; l'artillerie a été superbe, ainsi que les chasseurs à pied et l'infanterie d'Afrique avec quelques autres régiments; la cavalerie a été inébranlable et a fait tout ce qu'on a voulu; il y a une plaine qui est restée couverte de cuirassiers. La bataille a commencé vers 4 heures du matin et vers midi deux divisions d'infanterie n'ont pu tenir et se sont retirées sur nos quatre régiments qui subissaient sans broncher le feu de cinq batteries, depuis une demi-heure. Nous avons fait alors d'inutiles démonstrations pour arrêter les Prussiens; les chasseurs d'Afrique ont été écrasés et nous avons été tous rejetés, infanterie, cavalerie, artillerie, caissons, dans un ravin à pic où a convergé immédiatement tout le feu ennemi. J'ai failli être précipité dans un précipice de près de 40 pieds; c'est là que ma brave Catherine m'a sauvé la vie, en franchissant sans hésiter une haie de plus de 4 pieds et demi. Plusieurs cavaliers ont été précipités là où ma bonne jument m'a sauvé et puis nous avons été entraînés par le flot dans les fossés de Sedan où nous avons, sans savoir comment, tous sauté, hommes et chevaux, d'une hauteur de vingt pieds. Là, impossible de bouger, nous étions tous serrés les uns contre les autres, impossible de sortir, nous étions fermés par des murs à pic et la ville avait impitoyablement fermé ses portes ; impossible de nous défendre et nous recevions une avalanche d'obus et de balles ; cela a duré une demi-heure et nous pensions que nous devions tous périr ; les pièces de la ville faisaient rage ; et parmi nous, les uns hurlaient : « Ne tirez plus, nous allons être égorgés ! » d'autres, comme moi, s'asseyaient sur des pierres et attendaient la fin, car, dans ces moments, on est souvent pris d'un renoncement profond et absolu.

« Je n'ai pas voulu signer la déclaration que les Prussiens ont offerte aux officiers, moyennant laquelle ils les remettaient en liberté, parce que je ne la regarde pas comme honorable, et que d'ailleurs signer est à mes yeux une ratification de la capitulation. Je suis donc prisonnier, et le resterai jusqu'au bout. Le général Ducrot, qui, lui, a voulu rester avec ses soldats jusqu'au bout, et qui n'est parti que contraint par les Prussiens, m'a laissé ici pour le représenter et défendre à sa place les intérêts de son corps d'armée. Je fais, tous les jours, la liste de départ des prisonniers et je ne partirai que le dernier. A la première occasion, je vous écrirai ; comme il circule les bruits les plus contradictoires sur ce qui se passe à Paris, je vous adresse cette lettre au Veuillin.

« Adieu, bien cher père, je vous aime et embrasse, en fils tendrement affectionné.

« STANISLAS.

CHAPITRE V

LA CAPITULATION

Nous avons vu que le capitaine d'Orcet, dans une lettre précédente, racontait à son père que, le soir de Sedan, il était allé en parlementaire au quartier général allemand.

Pendant sa captivité en Allemagne, il écrivit la relation de cette entrevue que nous reproduisons ici même, à la place qu'elle doit occuper :

« Lorsqu'à la fin de la journée il me fut possible d'entrer dans la ville, où j'espérais pouvoir me procurer quelque nourriture, une effroyable confusion régnait partout. Les rues étaient encombrées par le matériel de l'armée et par la foule indisciplinée des soldats, du milieu de laquelle toute apparence de commandement et de subordination avait disparu.

C'était un désordre indescriptible et écœurant.
La multitude affamée, comme je l'étais moi-
même, avait pillé les vivres partout où elle
avait pu en trouver. Depuis 7 heures du matin, où j'avais bu une tasse de café noir, je
n'avais eu, pour endormir l'irritation de la
faim, que la fumée de ma pipe, et encore
avais-je perdu dans la bagarre cette dernière
illusion de l'estomac.

« Je m'adressai en vain à toutes les auber-
ges et partout où j'espérais pouvoir trouver à
acheter un morceau de pain, à quelque prix
que ce fût ; je cherchais en même temps à
découvrir la maison où avait été transporté le
maréchal, sur le sort duquel je ne savais encore rien de positif, sinon que, dès le début
de la journée, une affreuse blessure l'avait mis
hors de combat. Je parvins, à la fin, à découvrir une petite maison, à la porte de laquelle
un chasseur d'Afrique, étendu sur le dos, dormait sur le pavé, la bride de son cheval passée
à son bras. Le cheval dormait aussi, la tête
penchée sur le corps de son cavalier. C'était
là que le maréchal avait été rapporté du
champ de bataille.

« Dans la première pièce où j'entrai, je trouvai réuni plusieurs officiers de l'état-major du maréchal ; tous étaient de mes amis.

« On m'apprit que la blessure était d'une effrayante gravité et que la fièvre se déclarait avec une intensité qui faisait craindre pour la vie. On ne laissait pénétrer personne dans la chambre. Je demandais si on pouvait me donner à manger, j'étais exténué par le besoin et les rudes fatigues de la journée. On m'offrit les restes d'un morceau de viande, d'un pain et d'une bouteille de vin. C'était tout ce qu'on avait de vivres dans la maison.

« Pendant que j'étais en train d'apaiser ma faim, le général Faure, chef d'état-major du maréchal, entra et nous dit que le général de Wimpfen allait se rendre à Donchery, à l'état-major de l'armée prussienne pour discuter, avec M. de Bismarck et le général de Moltke, les conditions de la capitulation, et qu'il était à la recherche d'un officier qui acceptât le rôle de premier parlementaire ; que, vu la haute gravité et la délicatesse de la circonstance, d'où il pouvait surgir des incidents imprévus, on avait besoin d'un homme dont on serait parfaitement sûr, et, de plus, sachant parler un peu l'allemand. Il ajouta que la mission n'était pas sans danger, le parlementaire pouvant fort bien recevoir la balle de quelque sentinelle ennemie, en pénétrant la nuit dans le camp prussien.

« Je m'offris de suite au général et lui dis que je me mettais à sa disposition ; que si l'on demandait un homme sûr, je pouvais avancer que dans le lieu où nous nous trouvions, il n'y avait personne qui ne fût prêt à se porter garant de la confiance qu'on pourrait m'accorder, que je savais assez d'allemand pour me faire comprendre d'une sentinelle ou d'officiers prussiens, et que, quant aux risques qu'il pouvait y avoir pour la vie, j'étais dans des dispositions telles que je ne me souciais d'une balle, pas plus que d'une guigne.

« — Eh bien ! fit le général, dans ces conditions, vous êtes l'homme qu'il me faut; partons !! »

« Je puis ajouter que j'étais déjà connu du général Faure, qui, notamment dans ces derniers temps, m'avait vu tous les jours dans l'entourage du maréchal.

« Nous sortîmes dans la rue, je dégageais du bras du chasseur d'Afrique, et sans qu'il se réveillât, la bride de son cheval, que j'emmenai en accompagnant le général jusqu'à l'hôtel où nous étions descendus.

« Nous nous mîmes en route, il était environ neuf heures et demie du soir ; nous étions dans l'ordre suivant : j'étais en tête, monté sur le petit cheval arabe, que j'avais trouvé à la porte du maréchal ; derrière moi marchaient le cavalier porteur du drapeau blanc et un trompette de mon régiment ; à 100 pas en arrière, venaient : le général de Wimpfen, le général Castelnau (aide de camp de l'Empereur) et le général Faure (chef de l'état-major du maréchal) ; un capitaine de chasseurs à cheval et un lieutenant de la garde mobile, tous les deux, officiers d'ordonnance du général de Wimpfen, fermaient la marche. Après avoir franchi la porte de la ville, je trouvai, à 100 mètres à peine au delà, une barrière de planches ; derrière cette barrière un poste prussien. Je ne puis dire l'impression que je reçus, en voyant si près de nos murs, de ces murs qu'on n'avait pas voulu défendre, ce témoignage de notre défaite, orgueilleusement élevé à notre porte, par nos vainqueurs ; nous avions déjà des geôliers ! Ce que j'éprouvais, c'était un mélange de colère et de rage, de douleur et de honte ; aussi ce fut-il avec des larmes dans les yeux que j'expliquais, dans le plus mauvais allemand du monde, à l'officier prussien, que j'étais parlementaire, précédant les généraux envoyés par l'empereur auprès du roi.

« (J'observais en passant qu'au premier appel de mon trompette le factionnaire prussien répondit immédiatement et appela un officier, tandis qu'au retour, devant la porte de la ville, malgré les sonneries dix fois répétées du trompette, le gardien français mit plus de dix minutes à répondre et à ouvrir.)

« Après un court colloque avec le chef du poste, je continuai ma route dans la direction de Donchery ; l'obscurité était profonde et le silence aussi ; et pourtant de distance en distance, à gauche et à droite de la route, brillaient les feux des bivouacs prussiens. Autant que j'ai pu en juger, ils m'ont paru bivouaquer par bataillons ; quelques-uns de ces bivouacs

n'étaient pas à plus de 3o mètres de la route :
Je voyais distinctement les hommes auprès
des feux, assis autour des tables qu'ils avaient
enlevées dans les villages voisins, ou couchés
par terre, tous buvant, et mangeant, mais
observant une tenue et un silence que je n'ai
pas pu m'empêcher d'admirer, en comparai-
son de ce que je voyais se passer chez nous.
J'ai admiré aussi la façon dont ils se gardent
et le calme de leurs factionnaires ; dans ce
parcours de 4 kilomètres, j'ai été arrêté au
moins dix à douze fois ; dans l'ombre de la
route, surgissait tout à coup, comme sous les
pieds de mon cheval, un homme caché derrière un arbre ou dans le fossé ; il marchait à
côté de moi. — *Ver dà ?* — me disait-il à
demi-voix ; je répondais : — *Französicher
Parlementär* ; j'ajoutais que je précédais les
généraux français, et il me répliquait simplement : *Gehen sie forwärts*[1] ; quelquefois il
criait : *lassen sie gehen*[2], sans doute à un poste
dissimulé dans l'ombre. Je fis donc ce trajet
à travers le camp prussien, sans courir le

1. *Avancez.*
2. *Laissez passer.*

moindre danger, tandis qu'un officier prussien traversant un camp français dans des
circonstances analogues à celles où je me
trouvais aurait essuyé, sans aucun doute, des
coups de feu des sentinelles ou vedettes ;
aussi le général Faure, qui, pas plus que moi,
ne connaissait la discipline de cette armée,
avait cru devoir me prévenir, avant le départ,
que ma mission n'était pas exempte de périls.
— J'arrivai ainsi à Donchery : au tournant
de la route qui précède le pont, je fus arrêté
par un poste ; l'officier qui le commandait,
après avoir entendu mes explications, fit prendre la bride de mon cheval par un homme qui
portait une lanterne et me fit précéder par 4
autres hommes et un sous-officier : ce fut ainsi
que je fus amené devant la porte de la maison du maire, où logeaient le général de Moltke et une partie de son état-major ; sur mes
pas arrivèrent les généraux, et nous fûmes
tous introduits dans un salon au rez-de-
chaussée, où nous attendîmes, environ dix
minutes, l'homme qui devait nous intimer la
volonté du roi Guillaume.

« Le général de Moltke fit son entrée, accompagné du comte de Bismarck et du général de Blumenthal ; ils étaient tous les trois revêtus de la grande capote foncée que portent tous les officiers de Prusse. Après un salut assez sommaire, il demanda au général de Wimpfen s'il avait des pouvoirs, et, sur sa réponse affirmative, il demanda à les vérifier. Le général de Wimpfen présenta ensuite le général Castelnau et le général Faure. De Moltke, ayant alors demandé quel était le caractère de ces deux généraux, le général Faure répondit qu'il était venu comme chef d'état-major du maréchal de Mac-Mahon, pour accompagner le général de Wimpfen, mais sans aucun caractère officiel ; et le général Castelnau dit qu'il venait apporter une communication verbale et officieuse de la part de l'empereur, mais que cette communication n'aurait son utilité qu'à la fin de la conférence à laquelle, d'ailleurs, il n'avait point qualité pour prendre autrement part. L'on s'assit alors : à ce moment Bismarck se pencha vers de Moltke, qui avait négligé de répondre par une réciprocité courtoise aux présentations que lui avait très poliment et même cérémonieuse-

LE CHATEAU DE PAULHAC

(Haute-Loire)

(d'après une photographie.)

ment faites le général de Wimpfen, et lui dit en français, à demi-voix : « Vous avez oublié de nous présenter. » De Moltke répondit par le sourd grognement qui en prussien signifie : C'est bien ! et se levant tout d'une pièce, dit simplement, en les désignant de la main : « Le comte de Bismarck, le général de Blumenthal. »

« Nous étions placés de la manière suivante : au centre de la pièce, une table carrée avec un tapis rouge ; à droite de cette table, de Moltke, ayant à sa gauche Bismarck, et Blumenthal à sa droite ; du côté opposé de la table, était le général de Wimpfen, seul en avant ; derrière lui, presque dans l'ombre, les généraux Castelnau et Faure et ses officiers d'ordonnance ; pour moi, je fus placé à la gauche de Bismarck ; il y avait en outre, dans le salon, sept ou huit officiers prussiens, dont l'un, sur un signe de Blumenthal, vint se mettre près de la cheminée sur laquelle il s'appuya pour écrire tout ce qui se disait.

Deux détails de mœurs pris au vol : — plusieurs des officiers prussiens fumaient pendant la conférence et l'un m'offrit même des cigares que je refusai en lui disant qu'en France nous ne fumons pas devant nos chefs. Aussitôt l'entrée de de Moltke, un des officiers de sa suite fit appeler la maîtresse de maison et lui dit de faire apporter, immédiatement, une quantité suffisante de champagne. Je vois encore arriver ces malheureuses bouteilles enveloppées de papier gris. Le général de Wimpfen protesta aussitôt dans les termes les plus convenables et déclara qu'il nous était impossible d'accepter du champagne, dans les conditions où nous nous trouvions. — « C'est bien ! dit alors brusquement l'aide de camp à la servante effarée. *Also,* laissez là les bouteilles », et il les rangea soigneusement sur une console. — Après que l'on se fut assis, il régna un instant de silence. On sentait que le général de Wimpfen était embarrassé pour engager l'action ; mais de Moltke restant impassible, il se décida à commencer.

« — Je désirerais, dit-il, connaître les conditions de capitulation que Sa Majesté le roi de Prusse est dans l'intention de nous accorder.

« — Elles sont bien simples, répliqua de

Moltke : l'armée tout entière est prisonnière avec armes et bagages ; on laissera aux officiers leurs armes comme un témoignage d'estime pour leur courage ; mais ils seront prisonniers de guerre comme la troupe.

« — Ces conditions sont bien dures, général, réplique Wimpfen, et il me semble que par son courage, l'armée française a mérité mieux que cela ; est-ce qu'elle ne pourrait pas obtenir une capitulation dans les conditions suivantes : on vous remettrait la place et son artillerie, vous laisseriez l'armée se retirer avec ses armes, ses bagages et ses drapeaux, à la condition de ne plus servir pendant cette guerre contre la Prusse ; l'Empereur et les généraux s'engageraient pour l'armée, et les officiers s'engageraient personnellement et par écrit aux mêmes conditions. Puis, cette armée serait conduite dans une partie de la France désignée par la Prusse dans la capitulation ou en Algérie pour y rester jusqu'à la conclusion de la paix. » Et il ajouta quelques autres développements dans le même sens, paraissant regarder la paix comme prochaine ; mais de Moltke demeura impitoyable, et se contenta de répondre qu'il ne pouvait rien changer aux conditions. Wimpfen revint encore à la charge avec insistance ; il fit appel aux sympathies que le général de Moltke pourrait avoir pour un général français : « — J'arrive, disait-il, il y a deux jours, d'Afrique, du fond du désert ; j'avais jusqu'ici une réputation irréprochable, et voilà qu'on me donne un commandement au milieu du combat, et que je me trouve fatalement obligé d'attacher mon nom à une capitulation désastreuse, dont je suis ainsi forcé d'endosser toute la responsabilité, sans avoir préparé moi-même la bataille dont cette capitulation est la suite. Vous qui êtes général, comme moi, vous devez comprendre toute l'amertume de ma situation ; mieux que personne, il vous est possible d'adoucir pour moi cette amertume en m'accordant de plus honorables conditions : pourquoi ne le feriez-vous pas ? Je sais bien, ajoutait-il, que la plus grande cause de notre complet désastre a été la chute, dès le début de la journée, du vaillant maréchal qui commandait avant moi ; il n'aurait peut-être pas gagné la bataille ; mais enfin il aurait pu opérer une retraite heureuse...,

quant à moi, si j'avais commandé dès la
veille, je ne veux pas dire que j'aurais mieux
fait que le maréchal de Mac-Mahon et gagné
la bataille ; mais j'aurais préparé une retraite
ou, du moins, connaissant mieux mes troupes, j'aurais réussi à les réunir dans un
suprême effort pour une percée : au lieu de
cela, on m'impose le commandement au
milieu même de la bataille (il ne disait pas
qu'il l'avait réclamé impérieusement), sans
que je connaisse ni les lieux, ni les positions
de mes troupes ; malgré tout cela, je serais
sans doute parvenu à faire une percée, ou à
battre en retraite, sans un incident personnel
qu'il est du reste inutile de relater » (allusion
peu sincère à la confusion d'ordres qui est
résultée de ce que, le matin, le maréchal de
Mac-Mahon avait remis le commandement au
général Ducrot, tandis que l'Empereur le
remettait à la même heure à Wimpfen, et que
celui-ci le réclamait du reste, en vertu d'une
lettre du ministre dont il était porteur. Au
moment où Wimpfen annonça à Ducrot
(10 heures du matin) qu'il prenait définitive-
ment le commandement de l'armée, ce dernier

lui dit qu'il avait pris ses mesures pour battre en retraite sur Mézières et l'adjura de prendre ce parti. Wimpfen répondit qu'il ne comptait nullement battre en retraite, mais bien *gagner la bataille*, et fit changer les dispositions déjà prises ; je tiens ces détails du général Ducrot). Wimpfen continua encore sur le même thème ; mais, s'apercevant que de Moltke paraissait peu touché de ce plaidoyer personnel, il prit un ton un peu menaçant.

« — D'ailleurs, dit-il, si vous ne voulez pas m'accorder de meilleures conditions, je ne puis accepter celles que vous voulez m'imposer, je ferai appel à mon armée, à son honneur, et je parviendrai à faire une percée, ou je me défendrai dans Sedan » (le malheur est qu'il n'avait pas l'air très convaincu lui-même de ce qu'il disait).

« Le général de Moltke l'interrompit alors :

« J'ai, lui dit-il, une grande estime pour vous, j'apprécie votre situation, et je regrette de ne pouvoir rien faire de ce que vous me demandez ; mais quant à tenter une sortie, cela vous est impossible comme de vous défendre dans Sedan. Certes, vous avez des troupes qui sont réellement excellentes. Vos infanteries d'élite (il voulait dire, sans doute, les zouaves, les chasseurs à pied, turcos et infanterie de marine) sont remarquables, votre cavalerie est audacieuse et intrépide, votre artillerie est admirable et nous a fait grand mal, trop de mal ; mais une grande partie de votre infanterie est démoralisée ; nous avons fait aujourd'hui plus de 2000 prisonniers non blessés ; ils avaient encore les bouchons à leurs fusils. Il ne vous reste actuellement pas plus de 80.000 hommes (je crois qu'il n'en restait guère que 65.000) ; ce n'est pas dans de pareilles conditions que vous pouvez percer ; car sachez que j'ai autour de vous actuellement encore 240.000 hommes et 500 bouches à feu, dont 300 sont déjà en position pour tirer sur Sedan, les 200 autres le seront demain au point du jour. Si vous voulez vous en assurer, je puis faire conduire un de vos officiers dans les différentes positions qu'occupent nos troupes, et il pourra vous témoigner de l'exactitude de ce que je vous dis ; quant à vous défendre dans Sedan, cela vous est aussi impossible ; vous n'avez pas pour 48 heures de vivres et vous n'avez plus de munitions. »

« Attaquant alors une note différente, le général de Wimpfen reprit d'un ton insinuant :

« — Je crois qu'il est de votre intérêt même, au point de vue politique, de nous accorder la capitulation honorable à laquelle a droit l'armée que j'ai l'honneur de commander. Vous allez faire la paix, et sans doute vous désirez la faire bientôt ; plus que toute autre, la nation française est généreuse et chevaleresque, et par conséquent sensible à la générosité qu'on lui témoigne et reconnaissante des égards qu'on a pour elle. Si vous nous accordez de conditions qui puissent flatter l'amour-propre de l'armée, le pays en sera également flatté, cela diminuera aux yeux de la nation l'amertume de la défaite, et une paix conclue sous de pareils auspices aura chance d'être durable, car vos procédés généreux auront ouvert la porte à un retour vers des sentiments réciproquement amicaux, tels qu'ils doivent exister entre deux grandes nations voisines et tels que vous devez les désirer. En persévérant, au contraire, dans des mesures rigoureuses à notre égard, vous exciterez à coup sûr la colère et la haine dans le cœur de tous les soldats ; l'amour-propre de la nation française tout entière sera offensé gravement, car elle se trouvera solidaire de son armée, et ressentira les mêmes émotions qu'elle : vous réveillerez ainsi tous les mauvais instincts endormis par le progrès de la civilisation, et vous risquerez d'allumer une guerre interminable entre la France et la Prusse. »

« Ce fut cette fois Bismarck qui se chargea de répondre, et il le fit dans ces termes :

« — Votre argumentation, général, paraît au premier abord sérieuse ; mais elle n'est au fond que spécieuse et ne peut soutenir la discussion. Il faut croire en général fort peu à la reconnaissance et en particulier nullement à celle d'un peuple : on peut croire à la reconnaissance d'un souverain, à la rigueur à celle de sa famille, on peut même en quelques circonstances y ajouter une foi entière, mais, je le répète, il n'y a rien à attendre de la reconnaissance d'une nation. Si le peuple français était un peuple comme les autres, s'il avait des institutions solides, si comme le nôtre il avait le culte et le respect des institutions, s'il avait un souverain établi sur le trône d'une façon durable, nous pourrions croire à la gratitude de l'Empereur et à celle de son fils et attacher un prix à cette gratitude, mais en France, depuis *80* ans, les gouvernements ont été si peu durables, si multipliés, ils ont changé avec une rapidité si étrange et si en dehors de toute prévision, que l'on ne peut compter sur rien dans votre pays ; et que, fonder des espérances sur l'amitié d'un souverain français, serait, de la part d'une nation voisine, un acte de démence, ce serait *vouloir bâtir en l'air*. Et d'ailleurs, ce serait folie encore que de s'imaginer que la France pourrait nous pardonner nos succès ; vous êtes un peuple envieux, jaloux et orgueilleux à l'excès.

« Depuis deux siècles, la France a déclaré *30* fois la guerre à la Prusse, (*se reprenant*) à l'Allemagne (le nombre me paraît exagéré) ; et cette fois-ci, vous nous l'avez déclarée, comme toujours, par jalousie, parce que vous ne pouviez nous pardonner notre victoire de Sadowa ; et pourtant Sadowa ne vous avait

rien coûté et n'avait pu en rien atteindre
votre gloire ; mais il vous semblait que la victoire était un apanage qui vous était uniquement réservé, que la gloire des armes était
pour vous un monopole ; vous n'avez pu sup-
porter à côté de vous une nation aussi forte
que vous ; et vous voudriez nous faire croire
que vous, qui n'avez pu pardonner Sadowa,
où vos intérêts ni votre gloire n'étaient nullement en jeu, vous nous pardonneriez le désastre de Sedan. Jamais ! Si nous faisions maintenant la paix, dans 5 ans, dans *10* ans, dès
que vous le pourriez, vous recommenceriez la
guerre : voilà toute la reconnaissance que
nous aurions à attendre de la nation française !! Nous sommes, nous autres, au contraire de vous, une nation honnête et paisible,
que ne travaille jamais le désir des conquêtes
et qui ne demanderait qu'à vivre en paix, si
vous ne veniez pas constamment nous irriter
par votre humeur querelleuse et conquérante
(en ce moment je ne pus m'empêcher de songer à ces adroits filous, qui, après avoir dépouillé quelqu'un, crient plus fort que lui :
Au voleur !). Aujourd'hui, c'en est assez, il

faut que la France soit châtiée de son orgueil, de son caractère agressif et ambitieux ; nous voulons pouvoir enfin nous reposer, nous voulons assurer la sécurité de nos enfants et pour cela *il faut que nous ayons entre la France et nous un glacis ; il nous faut un territoire, des forteresses et des frontières*, qui nous mettent, pour toujours, à l'abri de toute attaque de sa part. »

« Le général de Wimpfen interrompit alors Bismarck et lui dit les paroles suivantes, qui étaient vraies à cette époque, mais qui ne me furent que plus pénibles à entendre sortir de sa bouche ; car c'était, de la part d'un général français, l'aveu de notre décadence morale. Heureusement, aujourd'hui que j'écris ces souvenirs, nous ne sommes plus ce que nous étions alors, et ce sont nos ennemis qui ont été providentiellement les agents de notre régénération.

« — Votre Excellence se trompe dans le jugement qu'elle porte sur la nation française ; vous en êtes resté à ce qu'elle était en 1815, et vous jugez d'après les vers de quelques poètes ou les écrits de quelques folliculaires.

Aujourd'hui, les Français sont bien différents ; grâce à la prospérité de l'Empire, tous les esprits sont tournés à la spéculation, aux affaires, aux arts ; chacun cherche à augmenter la somme de son bien-être et de ses jouissances, et songe bien plus à ses intérêts particuliers qu'à la gloire. On est tout prêt à proclamer en France *la fraternité des peuples*. Voyez, l'Angleterre ! Cette haine séculaire qui divisait la France et l'Angleterre, qu'est-elle devenue ? les Anglais ne sont-ils pas aujourd'hui nos meilleurs amis ? Il en sera de même pour l'Allemagne si vous vous montrez généreux, si des rigueurs intempestives ne viennent pas ranimer des passions éteintes. »

« A cet instant, Bismarck reprit la parole ; il avait fait un geste de doute, en entendant vanter l'amitié existant, suivant le général de Wimpfen, entre la France et l'Angleterre.

« — Je vous arrête ici, général ; non, la France n'est pas changée, car c'est elle qui a voulu la guerre, et c'est pour flatter cette manie populaire de la gloire, dans un intérêt dynastique, que l'empereur Napoléon III est venu nous provoquer ; nous savons bien que la partie raisonnable et saine de la France ne poussait pas à la guerre, néanmoins elle en a accueilli l'idée volontiers ; nous savons bien que ce n'est pas l'armée non plus qui nous était le plus hostile ; mais la partie de la France qui poussait à la guerre, c'est celle qui fait et défait les gouvernements chez vous : *la populace* ; ce sont aussi les journalistes (et il appuya sur ce mot), ce sont ceux-là que nous voulons punir ; il faut pour cela que nous allions à Paris ; qui sait ce qui va se passer ? Peut-être se formera-t-il chez vous un de ces gouvernements qui ne respecte rien, qui fait des lois à sa guise, qui ne reconnaîtra pas la capitulation que vous aurez signée pour l'armée, qui forcera peut-être les officiers à violer les promesses qu'ils nous auraient faites ; car on voudra sans doute se défendre à tout prix. Nous savons bien qu'en France on forme vite des soldats ; mais de jeunes soldats ne valent pas des soldats aguerris, et d'ailleurs ce qu'on n'improvise pas, c'est un corps d'officiers, ce sont même les sous-officiers. Nous voulons la paix, mais une paix durable, dans les conditions que je vous ai déjà dites ; pour cela, il faut que nous mettions la France dans l'impossibilité de nous résister. Le sort des batailles nous a livré les meilleurs soldats, les meilleurs officiers de l'armée française. Les mettre gratuitement en liberté, pour nous exposer à les voir de nouveau contre nous, ce serait folie, ce serait prolonger la guerre, et l'intérêt de nos peuples s'y oppose (il semblait se regarder, en cet instant, comme déjà maître de la France par notre défaite). Non, général, quel que soit l'intérêt qui s'attache à votre position, quelque flatteuse que soit l'opinion que nous avons de votre armée, nous ne pouvons acquiescer à votre demande et changer les premières conditions qui vous ont été faites.

« — Eh bien ! répliqua avec dignité le général de Wimpfen, il m'est également impossible à moi de signer une telle capitulation, nous recommencerons la bataille. »

« Le général Castelnau, prenant alors la parole, dit d'une voix hésitante : « — Je crois l'instant venu de transmettre le message de l'empereur.

« — Nous vous écoutons, général, dit Bismarck.

« — L'empereur, continua le général Castelnau, m'a chargé de faire remarquer à S. M. le roi de Prusse qu'il lui avait envoyé son épée sans conditions, et s'était *personnellement* rendu absolument à merci ; mais qu'il n'avait agi ainsi que dans l'espérance que le roi serait touché d'un si complet abandon, saurait l'apprécier et, en cette considération, voudrait bien accorder à l'armée française une capitulation plus honorable, et telle qu'elle y a droit par son courage[1].

« — Est-ce tout ? demanda Bismarck.

« — Oui, répondit le général.

« — Mais, quelle est l'épée qu'a rendue l'empereur Napoléon III ? Est-ce l'épée de la France, ou son épée à lui ? Si c'est celle de la France, les conditions peuvent être singulièrement modifiées, et votre message aurait un caractère des plus graves. »

---

1. En effet, tandis que le drapeau blanc était hissé pour la dernière fois sur la citadelle, le général Reille avait porté au roi Guillaume la lettre célèbre de Napoléon III : « N'ayant pas pu mourir au milieu de mes troupes, il ne me reste qu'à rendre mon épée entre les mains de Votre Majesté. » Le roi répondit qu'il acceptait l'épée de l'Empereur et demandait qu'un officier général, muni de pleins pouvoirs, vînt traiter avec de Moltke.

« — C'est seulement l'épée de l'empereur, répliqua Castelnau.

« — En ce cas, reprit à la hâte, presque avec joie, le général de Moltke, cela ne change rien aux conditions », et il ajouta : « — L'empereur obtiendra pour sa personne tout ce qu'il lui plaira de demander. »

« Il me parut qu'il pouvait bien y avoir une secrète divergence d'opinions entre Bismarck et de Moltke, que le premier n'aurait peut-être pas été fâché de terminer la guerre, tandis que le général désirait au contraire la continuer.

« Aux dernières paroles de de Moltke, le général de Wimpfen répéta :

« — Nous recommencerons la bataille », et il se leva.

« — La trêve, répliqua de Moltke, expire demain à 4 h. du matin ; à 4 heures précises, j'ouvrirai le feu. »

« Nous étions tous debout, on avait fait demander nos chevaux ; depuis les dernières paroles de de Moltke, on n'avait pas prononcé un mot : ce silence était glacial. Je regardais le général de Wimpfen et je crus m'apercevoir qu'il n'avait voulu faire qu'une fausse sortie, et qu'il reviendrait même facilement à des sentiments moins fiers. En cet instant, sans doute pour rompre ce silence qui pesait à chacun, le général de Blumenthal fit deux pas vers moi et me dit : « — A quel régiment de cuirassiers appartenez-vous, capitaine ? — Au quatrième régiment, général. — Vous étiez alors à Wœrth ? nous avons admiré là l'intrépidité et l'audace de vos régiments qui a dépassé toutes prévisions, ainsi que la façon remarquable dont vous avez manœuvré sous le feu le plus violent. Aujourd'hui, je vous ai suivis, avec ma lorgnette, et j'ai observé votre sang-froid et votre calme dans les instants les plus critiques. Vous appartenez, capitaine, à une arme d'élite et vraiment héroïque, je suis heureux de vous le dire », et sur ce, il me tendit la main.

« Reprenant alors la parole, Bismarck dit à Wimpfen :

« — Oui, général, vous avez de vaillants et d'héroïques soldats, je ne doute pas que demain ils ne fassent des prodiges de valeur, et ne nous causent des pertes sérieuses, mais à quoi cela servira-t-il? Demain soir, vous ne serez pas plus avancés qu'aujourd'hui, et vous aurez seulement, sur la conscience, le sang de vos soldats et des nôtres que vous aurez fait couler inutilement; qu'un moment de dépit ne vous fasse pas rompre la conférence. M. le général de Moltke va vous convaincre, je l'espère, que tenter de résister serait folie de votre part. »

« On se rassit, et le général de Moltke reprit en ces termes :

« — Je vous affirme, de nouveau, qu'une percée ne pourra jamais réussir, quand même vos troupes seraient dans les meilleures conditions possibles ; car, indépendamment de la grande supériorité numérique de nos hommes, et de mon artillerie, j'occupe des positions d'où je puis brûler Sedan en quelques heures ; ces positions commandent toutes les issues par lesquelles vous pouvez essayer de sortir du cercle où vous êtes enfermés, et tellement fortes qu'il est impossible de les enlever. — Oh ! elles ne sont pas aussi fortes que vous voulez bien le dire, ces positions, interrompit le général de Wimpfen en hochant la tête d'un air capable. — Je savais déjà, répliqua durement de Moltke, qu'en France vous ne connaissiez pas la géographie, et ce que vous me dites en ce moment, général, m'en est une preuve. Détail bizarre et qui peint bien votre nation présomptueuse : à l'entrée de la campagne, vous avez fait distribuer à tous vos officiers des cartes de l'Allemagne, alors que vous ne connaissiez pas même la géographie de votre pays et que vous n'en aviez pas de cartes. (Il disait vrai : lorsqu'on réunit, à notre retour de Sedan, le conseil de guerre, il fut impossible d'en trouver une dans tout l'état-major général, et le plan de la ville de Sedan, qu'on finit par déterrer dans les archives de la place, était si informe, qu'il n'indiquait pas le camp retranché que nous avions sous la main, aux portes de la ville et dont on n'a connu l'existance que lorsque nous y avons été enfermés comme prisonniers ; je veux parler de l'île formée par les sinuosités de la Meuse et le canal [île de Glaire] qui constitue une position très forte.) Eh bien! moi, je vous dis que ces positions sont non seulement très fortes, mais formidables et inexpugnables. » — Le général de Wimpfen ne trouva rien à répondre à cette sortie, dont mieux que personne il pouvait apprécier la force et la vérité. Au bout d'un instant il reprit : « — Je profiterai, général, de l'offre que vous avez bien voulu me faire, au début de la conférence, j'enverrai un officier voir les positions et, à son retour, je verrai et prendrai une décision. — Vous n'enverrez personne, c'est inutile, répliqua de Moltke sèchement, vous pouvez me croire, et d'ailleurs vous n'avez pas longtemps à réfléchir, car il est minuit, et c'est à 4 heures du matin qu'expire la trêve et je ne vous accorderai pas un instant de sursis. — Pourtant, fit observer Wimpfen, qui abandonna, du reste, sans plus insister, le projet de faire vérifier les positions de l'ennemi, pourtant, vous devez bien comprendre que je ne puis prendre seul une telle décision ; il faut que je consulte mes collègues ; je ne sais où les trouver tous à cette heure, dans Sedan, et il me sera impossible de vous donner une réponse pour 4 heures, il est donc indispensable que vous m'accordiez une prolongation de trêve. » Comme de Moltke refusait opiniâtrément,

Bismarck se pencha vers lui et lui murmura à l'oreille quelques mots en allemand, parmi lesquels je distinguai... *König... erwarten... neun Uhr...*, d'où je conclus que le roi arriverait à 9 heures, et qu'il fallait l'attendre. Ce colloque à voix basse terminé, de Moltke dit en effet à Wimpfen qu'il consentait à lui accorder jusqu'à 9 heures, mais que ce serait la dernière limite.

« La conférence était terminée ou à peu près ; on discuta encore quelques détails... on dispensa les soldats français de rendre eux-mêmes leurs armes, on promit de laisser aux officiers tout ce qui leur appartiendrait, armes, chevaux... etc... (plus tard ces derniè-res conditions ne furent pas remplies), et on apporta du vin de Bordeaux qu'il fallut boire, car, en Prusse, toutes les affaires se terminent le verre en main. On nous servit d'énormes rasades et nous levâmes nos verres en silence, sans prononcer aucun toast, mais non sans en penser, du moins pour notre compte, car, dans le fond de mon âme, je bus à la mort de ceux qui nous offraient cette libation que nous n'avions acceptée qu'à contre-cœur. Je jugeai,

dès ce moment, que la capitulation était décidée en principe par le général de Wimpfen,
et que, s'il ne la signait pas immédiatement,
c'était pour sauver les apparences, et aussi
pour tâcher de diminuer la responsabilité qui
lui incombait fatalement, en la faisant par-
tager autant que possible par les autres généraux. J'étais si convaincu de cette idée, que
lorsque je rentrai à Sedan, dans la petite
chambre où gisaient sur la paille les 16 ou
17 officiers de mon régiment, je leur annon-
çai que nous allions partir en captivité pour
la Prusse.

« Le retour s'effectua dans le même ordre
que la première fois, mais beaucoup plus vite,
car, venant du quartier général prussien, nous
ne devions être arrêtés par aucun factionnaire,
et nous avons pu faire toute la route au trot.
La nuit était profonde et, comme je l'ai déjà
dit, toujours silencieuse ; l'horizon était rouge
de flammes : c'était Bazeilles qui brûlait, et
les âcres senteurs de la fumée de l'incendie
venaient presque jusqu'à moi. Rien ne saurait
rendre le triste aspect de cet incendie métho-
dique occupant une longueur de près de

1000 mètces ; le feu exerçait son œuvre également en silence et ce silence ajoutait encore à l'horreur du tableau. Il me semble difficile de résumer les sentiments qui m'agitaient, tant ils étaient multiples. C'était de la rage de me sentir prisonnier, de ne pouvoir plus combattre ces hommes qui avaient de sang-froid allumé cet incendie sans nom, comme pour nous donner un avant-goût du sort qu'ils réservaient à notre malheureux pays ; c'était la haine qui commençait à envahir mon cœur pour toujours ; c'était parfois du découragement, c'était une désillusion profonde; moi qui avais tant cru à l'intrépidité de l'armée française, je pensais à ceux qui tout près de nous, ici dans la plaine, là-bas sur les hauteurs, dormaient leur dernier sommeil ; ceux-là sont plus heureux que nous, me disais-je par moment, et puis, je me demandais s'il n'y avait pas là quelqu'un de mes amis râlant tout seul au milieu des cadavres, appelant en vain une main compatissante pour l'aider à mourir plus doucement ; parfois aussi, il me revenait une croyance de mon enfance, et quand il s'élevait un de ces souffles soudains du vent de la nuit, il me semblait que c'était les âmes de mes camarades morts à côté de moi, qui revenaient me dire un dernier adieu, et me crier vengeance. Toutes ces idées se heurtaient à la fois dans mon esprit ; le sentiment qui dominait, je crois, était une colère rageuse de son impuissance ; mais, quoi qu'il en soit, ce que je sais, c'est que de ces pensées diverses mais également tristes, il résultait pour moi une de ces sensations qui étreignent l'âme de telle sorte qu'elle en conserve une empreinte ineffaçable.

« Cette nuit-là et les jours suivants, j'accusai violemment le général de Wimpfen d'avoir capitulé, mais, plus tard, lorsque, renfermé dans l'île de Glaire avec toute l'armée prisonnière, j'ai vu l'état d'indiscipline et de démoralisation où elle était tombée, j'ai compris que Wimpfen n'aurait pas trouvé, en dehors des officiers, 1000 hommes décidés à tenter une percée de vive force, et que par conséquent toute tentative de ce genre eût été vaine et même dérisoire.

« Un incident burlesque qui aurait été risible si les circonstances n'avaient été aussi lugubres : A la fin de la conférence, comme tout le monde s'était levé, le garde mobile, officier d'ordonnance du général de Wimpfen, s'approcha de de Moltke et lui dit à demi-voix, en se dandinant d'une jambe sur l'autre, en se frottant les mains, et familièrement comme s'il parlait presque à un camarade : « Voyons, sapristi, mon général, est-ce que vous ne pourriez pas accorder des conditions meilleures à cette bonne armée française ? Allons ! entre nous, vous pourriez bien faire cela ! » — Malgré tout son sang-froid, le fameux général fut désarçonné du coup, il regarda avec effarement son interlocuteur et ne trouva rien à lui répondre. Je gage que cette familiarité d'un lieutenant à son égard a été le plus grand étonnement de la journée pour de Moltke. — De retour à Sedan, le lieutenant racontait à son collègue des chasseurs à cheval qu'il avait beaucoup connu *tout ce monde-là aux Tuileries*. — On m'a dit qu'il s'appelait le marquis de L...[1].

---

1. Nous possédons la copie de deux lettres écrites d'Allemagne quelques jours après Sedan par le général de Wimpfen et le marquis de L... à M. le V⁰ Fernand de Fradel, colonel d'un régiment de mobiles. Elles prouvent qu'à défaut d'ha-

« Aussitôt notre rentrée à Sedan, le général de Wimpfen se rendit auprès de l'Empereur, avec lequel il conféra environ un quart d'heure, puis il sortit de la sous-préfecture, rentra chez lui et donna immédiatement les ordres pour la convocation de tous les généraux qui se trouvaient dans la ville, afin de constituer le conseil de guerre auquel il devait soumettre les conditions dictées par de Moltke, les discuter et étudier la question de la résistance. Mon impression, je le répète, était que dans l'esprit du général de Wimpfen, la capitulation était déjà acceptée en principe et qu'il jugeait toute résistance impossible (en ce moment il avait raison, mais à la suite du procès-verbal du conseil de guerre, j'indiquerai brièvement ce que, suivant moi, il aurait été possible de faire plus tôt). Ce conseil ne fut donc réuni que pour la forme et, particulièrement, pour diminuer la responsabilité qui incombait au général de Wimpfen et qu'il trouvait à juste titre bien lourde à porter tout seul. On eut les plus grandes difficultés à réunir ce conseil, car l'on ne

bitude dans les relations militaires, M. de L... avait de la bravoure et s'était conduit très courageusement pendant la bataille.

savait où trouver tous les généraux, au milieu du désordre inouï qui régnait en ce moment, et ce fut seulement à 6 heures du matin qu'il put avoir lieu.

« L'Empereur partit furtivement de Sedan, alors que le conseil était à peine réuni, et avant que la reddition de la place et de l'armée ne fût régulièrement close. — Loin de moi la pensée de jeter une dernière pierre à une Majesté déchue, mais, en agissant comme il l'a fait, il a eu tort, au point de vue de sa dignité ; car cela a fait dire (je l'ai entendu) qu'il avait eu peur d'une résistance désespérée, qu'il n'avait pas voulu s'exposer à un bombardement, et que c'était séparer son sort de celui de son armée, dans tous les cas avec un égoïsme coupable ! Je crois, moi, qu'il craignait, en attendant plus tard, de subir des huées et des injures de la part de ses soldats ; et le fait est que l'on pouvait s'attendre à tout de la part de gens tombés dans un tel état de désordre et d'indiscipline. La vérité est que son départ fut considéré avec la plus glaciale et dédaigneuse indifférence. »

PROCÈS-VERBAL
du Conseil de guerre

Aujourd'hui 2 septembre 1870, à 6 heures du matin, sur la convocation du général en chef, un conseil de guerre, auquel ont été appelés : les généraux commandant les divisions et les généraux commandant l'artillerie et le génie de l'armée, a été réuni.

Le général en chef a exposé ce qui suit : « D'après les ordres de l'Empereur, comme conséquence de l'armistice intervenu entre les deux armées, j'ai dû me rendre auprès de M. le général de Moltke, dans le but d'obtenir les meilleures conditions possibles pour l'armée refoulée dans Sedan après une bataille malheureuse. Dès les premiers mots de notre entrevue, j'ai reconnu que le général de Moltke avait, malheureusement, une connaissance parfaite de notre situation, et qu'il savait très bien que l'armée manquait absolument de vivres et de munitions. M. de Moltke m'a fait connaître que dans la journée nous avions combattu une armée de 220.000 hommes qui nous entourait de toutes parts.

— « Général, m'a-t-il dit, nous sommes disposés à faire à votre armée, qui s'est vaillamment battue aujourd'hui, les conditions les plus honorables ; toutefois il faut que ces conditions soient compatibles avec les exigences de la politique de notre gouvernement. Nous demandons que l'armée française capitule ; elle est donc prisonnière de guerre. Les officiers conserveront leurs épées et leurs propriétés personnelles ; les armes de la troupe seront déposées dans un magasin de la ville pour nous être livrées. »

Le général en chef a demandé aux généraux qui faisaient partie du conseil de guerre si dans leur pensée la lutte était possible ? — La grande majorité a répondu par la négative. Deux généraux seuls ont exprimé l'opinion que l'on devait ou se défendre dans la place ou chercher à sortir de vive force. On leur a fait observer que la défense de la place était impossible, parce que vivres et munitions manquaient absolument, que l'entassement des hommes, des chevaux et des voitures dans les rues rendait toute circulation impossible ; que dans ces conditions, le feu de l'artillerie ennemie, déjà en position sur toutes les hauteurs environnantes, produirait un affreux carnage, sans aucun résultat utile ; que le débouché était impossible, puisque l'ennemi occupait déjà les barrières de la place et que ses canons étaient braqués sur les avenues étroites qui y conduisaient. Ces deux officiers généraux se sont rendus à l'avis de la majorité.

En conséquence, le Conseil de guerre a déclaré au général en chef qu'en présence de l'impossibilité matérielle de prolonger la lutte, nous étions forcés d'accepter les conditions qui nous étaient imposées, tout sursis pouvant conduire à la nécessité d'en accepter de plus dures encore.

Ont signé tous les généraux ci-dessus désignés.

« J'ai regretté de ne pas voir figurer dans ce procès-verbal, le motif le plus grave et le plus sérieux qui s'opposait à une tentative de sortie, je veux parler du désordre et de l'indiscipline de la plus grande partie de l'infanterie ; suivant moi, c'était, avec le danger de faire brûler Sedan, les deux seules causes à faire valoir pour excuser la capitulation ; car, si le général en chef eût voulu ou su s'y prendre, l'encombrement eût disparu dans quelques heures ainsi que la difficulté de sortir de la ville, comme je vais l'expliquer en exposant les moyens qu'on eût pu, je crois, employer avec succès. — Pour pouvoir tenter une sortie, il eût fallu s'y disposer dès le soir même de la bataille, à l'instant où Wimpfen rentrait de la pointe désespérée qu'il avait cherché à faire dans la direction de Douzy, et qu'il avait conduite avec la plus grande intrépidité, car il faut reconnaître que si ce général a manqué complètement de coup d'œil et s'est montré très inférieur à la tâche qu'il avait impérieusement réclamée, il s'est, du moins, conduit en vaillant et héroïque soldat ; il aurait fallu, dis-je, dès sa rentrée en ville, qu'il fît évacuer toutes les maisons et les rues de Sedan par les soldats pour les réunir ensuite dans les fossés en avant de Torcy, sur la rive gauche de la Meuse ; pour cela, il eût suffi de la gendarmerie de prévôté, aidée de patrouilles faites par la cavalerie, sur laquelle on pouvait compter. On aurait ensuite fait évacuer de même toutes les voitures et on les aurait réunies dans l'endroit où était déjà une grande partie de l'artillerie, dans la prairie de Torcy, entre la Meuse et les remparts.

« Indépendamment de l'avantage qu'elles auraient offert pour une rentrée, ces précautions auraient eu pour premier résultat de maintenir l'ordre et d'éviter les odieuses scènes de pillage qui ont eu lieu et que l'on peut ainsi imputer pour une large part à une négligence ou à un oubli coupable du commandement supérieur. Ces dispositions prises, les colonels et les officiers, dans les fossés, auraient rallié leurs régiments et formé des colonnes d'attaque composées de leurs soldats les meilleurs, les plus braves et surtout les plus disciplinés. Le reste des soldats eût été évacué dans les fossés du côté de Balan. Les soldats d'infanterie ainsi formés, on aurait pu leur faire distribuer d'une façon régulière les vivres et boissons qu'ils ont pillés cette nuit-là et surtout le lendemain. Il fallait employer les officiers, sous-officiers et soldats d'artillerie, les uns à faire toute la nuit des gargousses pour les canons de la place, qui n'en avaient plus (je connais des officiers qui se sont offerts pour cela, et il y avait dans la poudrière une assez grande quantité de poudre et beaucoup de projectiles), les autres à mettre en état sur les remparts les canons de la place dont plusieurs n'avaient pas tiré pendant la journée, faute d'être placés.

« Pendant ce temps, une autre partie de l'artillerie se serait occupée de descendre dans les fossés les pièces et les mitrailleuses qu'on aurait voulu emmener dans la sortie, et aurait ensuite mis hors de service tout le matériel qu'on allait être forcé d'abandonner dans la ville. Puis le génie se serait occupé de faire le plus de sorties possibles dans le fossé de Torcy et quelques-unes aussi au fossé de la porte de Balan. — Avec de telles précautions prises, il eût été possible de repousser les conditions trop dures qui nous étaient imposées et à l'expiration de la trêve on eût pu subitement lancer des troupes dans la direction de la Marfée, tandis que les soldats qu'on n'aurait pas jugés capables d'un effort désespéré et qu'on aurait évacués dans les fossés de la porte Balan auraient fait un simulacre de sortie, destiné à retenir les Prussiens et Bavarois de ce côté. Les canons de la place auraient accompagné et soutenu ce mouvement en faisant feu de toutes parts, afin, non seulement, d'appuyer l'attaque sur la Marfée, mais aussi d'inquiéter toute la ligne d'investissement. La percée par la Marfée avait les plus grandes chances de réussite, car tout faisait prévoir qu'il y avait fort peu de Prussiens sur la rive gauche de la Meuse, tout leur effort ayant eu lieu sur la rive droite, et pour la plupart d'entre eux à une distance considérable de la Marfée (il n'y avait, en effet, qu'une masse d'artillerie sur les hauteurs de la rive droite, et deux divisions

allemandes sur toute cette rive : la division
wurtembourgeoise et une division bavaroise).
Les douze canons de gros calibre de la place
étaient justement braqués sur la Marfée, dont
ils pouvaient contre-battre d'une façon terrible
les batteries. On eût pu faire précéder l'infanterie par toute la cavalerie disponible, qui,
déployée en lignes de fourrageurs, aurait gravi
au galop les pentes de la Marfée, pour assaillir
l'artillerie dont cet ordre de bataille lui rend
les feux peu redoutables. Une fois ces hauteurs
franchies, nous entrions dans le défilé du
Chêne-Populeux, où il eût été difficile de nous
poursuivre et qui, du reste, nous menait
directement à Attigny, où nous eussions
trouvé le général Vinoy avec son corps d'armée tout frais [1]. Mais, pour faire tout cela, il
eût fallu avoir, le soir même de la bataille, la
volonté énergique de lutter jusqu'au bout et

1. Le 13ᵉ corps avait été formé à Paris et placé sous les
ordres du général Vinoy.

Parti de Paris le 28 août, il parvenait jusqu'à Mézières, mais
il y arrivait trop tard pour continuer sur Sedan et, par conséquent, ne prit aucune part à la bataille du 1ᵉʳ septembre. En
apprenant le désastre, le général Vinoy ordonna la retraite sur
Paris et par des dispositions habiles il évita la poursuite de
la cavalerie allemande. Ce corps d'armée put donc concourir
à la défense de la capitale.

la décision bien arrêtée de n'accepter que des conditions honorables ; or, le soir, tout le monde était abattu, et les plus braves semblaient avoir perdu le sentiment de l'existence. Il y avait une grande fatigue et surtout une grande lassitude morale.

« Lorsque le procès-verbal du conseil de guerre fut signé, le général de Wimpfen monta à cheval et se rendit auprès du général de Moltke pour rédiger avec lui les différents articles de la capitulation, sur les bases qui avaient été convenues ; ce fut cette fois au château de Frénois qu'il dut aller chercher le chef d'état-major de l'armée allemande.

« Avant d'écrire le texte de la Capitulation, je veux relater un incident de la bataille qui se rapporte au général Ducrot et que je tiens de son état-major.

« A 7 heures 1/2 du matin, mon ami le capitaine Kessler, qui par parenthèse eut son cheval tué pendant qu'il parlait à Ducrot, vint lui annoncer que le maréchal de Mac-Mahon était grièvement blessé et lui envoyait le commandement. Aussitôt, le général prévint son état-major qu'il allait battre en retraite sur

Mézières, et que, pour assurer cette retraite, il allait faire fortement occuper le plateau d'Illy, y concentrer un puissant effort d'artillerie, etc. . . . . . Son chef d'état-major, le colonel Robert, dont chacun admira, ce jour-là, l'héroïque sang-froid, étant d'un avis opposé, il expliqua au général ses motifs avec son calme habituel et qui ne l'abandonnait jamais dans les moments les plus critiques. Le général Lebrun, commandant le 12ᵉ corps, que Ducrot avait fait appeler, se rangea de l'avis du colonel Robert ; néanmoins le général Ducrot persista dans sa décision, et la suite a démontré qu'il avait raison : il avait prévu l'enveloppement dont nous étions menacés et qui s'est en effet effectué sur le plateau d'Illy. Comme il donnait ses ordres pour préparer la retraite, quelqu'un lui fit observer que l'Empereur était encore dans Sedan. « Tant pis, répondit-il, je m'en f..... [1] »

1. En 1871, le général Ducrot, vivement attaqué pour sa conduite à Sedan qui avait été cependant héroïque et pleine de dignité, fit paraître un ouvrage intitulé : *La journée de Sedan*, dans lequel il reproduisit une partie de la relation du capitaine d'Orcet sur la conférence de Donchery. Ce document parut aussi dans diverses autres publications, mais il n'avait jamais été publié en entier tel que nous l'avons donné ici.

CAPITULATION DE SEDAN

Entre les soussignés, le chef d'état-major de Sa Majesté, le roi Guillaume, commandant en chef les troupes allemandes, et le général commandant en chef l'armée française, tous deux munis des pleins pouvoirs de Leurs Majesté, le roi Guillaume et l'empereur Napoléon III, la convention suivante a été conclue :

Art. I. — L'armée française, placée sous les ordres du général de Wimpfen et se trouvant actuellement cernée par des forces supérieures autour de Sedan, est prisonnière de guerre.

Art. II. — Vu la défense généreuse de cette armée, il est fait exception pour les généraux et officiers ainsi que pour les employés supérieurs ayant rang d'officiers qui engagent leur parole d'honneur par écrit de ne pas porter les armes contre l'Allemagne et de n'agir en aucune manière contre ses intérêts jusqu'à la fin de la guerre actuelle. Les officiers et employés qui acceptent ces conditions conserveront leurs armes et les objets qui leur appartiennent personnellement.

Art. III. — Toutes les autres armes, ainsi que tout le matériel de l'armée, consistant en canons, aigles, drapeaux, caisses de guerre, équipages de l'armée, munitions, etc., seront livrés, à Sedan, à une commission militaire instituée par le commandant en chef, pour être remises immédiatement aux commissions allemandes.

ART. IV. — La place de Sedan sera livrée dans son état actuel et au plus tard dans la soirée du 2 septembre à la disposition de S. M. le roi de Prusse.

ART. V. — Les officiers qui n'auraient pas pris l'engagement mentionné à l'art. II, ainsi que les troupes désarmées, seront conduits, rangés d'après leurs régiments ou corps en ordre militaire. Cette mesure commencera le 2 septembre et sera terminée le 3. Les détachements seront conduits sur le terrain entouré par la Meuse, près d'Iges, par leurs officiers, qui céderont alors le commandement à leurs sous-officiers. Les médecins, sans exception, resteront en arrière pour soigner les blessés.

A Frénois, le 2 septembre 1870.

DE MOLTKE.   DE WIMPFEN.

CHAPITRE VI

LA CAPTIVITÉ EN PRUSSE

Conformément aux clauses de la désastreuse capitulation de Sedan, le capitaine d'Orcet fut emmené en captivité à Stettin. Il écrivit de là les lettres qui suivent :

« Stettin, 9 octobre 1870.

« BIEN CHER ET AIMÉ PÈRE,

« Je pense que vous avez reçu, vous ou Marie, les trois lettres que je vous ai écrites après la bataille de Sedan ; l'une le 2 septembre, au lendemain de la dernière bataille et qui est partie pour la Belgique, par un exprès qui emportait en même temps les lettres de l'état-major du maréchal de Mac-Mahon, et deux autres que j'ai pu expédier par des contrebandiers pendant mon séjour dans l'île de Glaire ou d'Iges et que je vous adressais sous le couvert de Marie, dans l'espérance que vous auriez suivi mon conseil et seriez parti de Paris avant l'investissement. Mais, comme je ne reçois aucune lettre de vous, je suppose que vous ne savez pas où je suis et que vous n'avez, par conséquent, pas reçu les lettres que je vous ai écrites depuis mon départ de France. Il paraît que la poste française ne reçoit pas facilement les lettres émanant de la poste prussienne, et il n'y a que les lettres adressées dans des pays occupés par l'armée de Prusse qui arrivent sûrement; je ne sais si c'est à la négligence ou à un excès de patriotisme qu'il faut imputer cette mauvaise volonté de la poste française à l'égard des prisonniers; du reste, peu importe, on m'a indiqué la voie suisse comme un moyen plus sûr; je profite de cet avis et j'espère que cela me réussira. Avant d'aller plus loin, je vous indique le moyen de me faire parvenir vos réponses. Si vous êtes à proximité d'un bureau prussien, faites-y porter votre lettre sans aucun affranchissement. Au haut de l'enveloppe vous mettrez : « *Feldpost-Brief* », puis au-dessous de mon nom : « *Gefangenen Rittmeister, 26ᵉ compagnie, Slettin, Poméranie, Prusse.* » Si vous n'avez pas de poste prussienne, envoyez votre lettre au Président de la Société internationale de secours à Bâle, ou à celui de Genève, avec prière de me la faire parvenir, cela se fait et est un moyen sûr ; celui de Bâle en fait arriver beaucoup ici. Vous n'avez pas besoin d'envoyer de l'argent pour affranchir, mais vous écrivez au dos de la lettre : « *Posto-frei, laut Befügniss des 7 August 1870*[1]. »

« Comme je suis à peu près sûr que vous avez reçu mes lettres de Sedan, je ne vous parlerai pas de la bataille, ni de mon séjour dans l'île de Glaire, au camp des prisonniers ; je vous dirai seulement que mon séjour s'y est prolongé jusqu'au 13, et que lorsque je suis parti, je commençais, ainsi que les cinq officiers qui m'assistaient dans ma pénible mission, à en avoir assez et presque trop de l'aspect de désolation qu'offrait cette vaste plaine de boue et les hideux débris qui la

---

1. « *Franc de port, en vertu d'une autorisation du 7 août 1870.* »

recouvraient ; auquel aspect il fallait joindre une odeur fétide ; du reste, le typhus commençait. A notre départ, le général de Bernhardi[1], auquel, en ma qualité de commissaire, j'avais eu affaire, m'a témoigné, ainsi qu'à mes camarades, la plus grande considération ; il m'a dit qu'il me remerciait de l'avoir aidé à soulager la situation des prisonniers, ainsi que du concours que nous lui avions en tout prêté ; et il nous a chaudement recommandés aux officiers chargés de commander notre escorte ; nous avons dû à ces recommandations de voyager d'une manière relativement douce, et les officiers prussiens ont été pour nous pleins de courtoisie, presque de prévenances. Nous sommes arrivés ainsi en cinq jours à Rémilly, lieu où l'on nous a embarqués en chemin de fer pour Stettin[2].

C'est de Rémilly que je vous ai écrit un premier billet et le lendemain de Bingen à Marie, pour vous annoncer à l'un et à l'autre

1. Général major de Bernhardi, commandant la 9ᵉ brigade de uhlans de la 4ᵉ division de cavalerie.

2. Il ne faut pas confondre ce Remilly situé près de Metz avec le Remilly dont il a été question précédemment et où les cuirassiers passèrent la Meuse avant la bataille de Sedan.

ma destination que je n'ai connue qu'à Rémilly. Dans le trajet de Sedan à Rémilly, qui a duré cinq jours, j'ai traversé d'abord notre champ de bataille du 31 août, premier jour des batailles de Sedan ; cela a été pour moi un douloureux spectacle ; là nous nous étions battus, il y avait peu de jours ; pas un arbre brisé, pas une maison brûlée qui ne rappelât à l'un de nous un épisode de la bataille ; les champs étaient encore jonchés de cadavres de chevaux, qu'on n'avait pas eu le temps encore d'enterrer ; sous ces tertres qu'on achevait de couvrir, dormaient nos camarades, peut-être des amis, et nous nous demandions s'ils n'é-taient pas mieux que nous qui subissions l'humiliation d'une capitulation que nous aurions refusée si nous eussions été les maî-tres et contre laquelle notre captivité était une protestation, puisque nous préférions un loin-tain et sans doute long exil à la liberté de vivre en France, prisonniers sur parole, en signant nous-mêmes la capitulation ; du reste, les Prussiens sentaient comme ceux de nous qui n'ont pas voulu signer. Le général de Bernhardi m'a complimenté de mon refus, il m'a dit : J'aurais fait comme vous : « *es ist ganz recht*[1] » ; vous savez assez d'allemand pour comprendre le « *ganz recht* ».

« Ce trajet a été assez long parce que nous marchions à pied et nous a paru interminable, tant à cause des souvenirs qui se réveillaient en nous, qu'à cause de l'odeur méphitique qui s'échappait des fosses pas assez profondes ou qui provenait des chevaux épars dans la plaine ; pour ma part, je n'ai pu m'empêcher de vomir. Une lieue plus loin, nous avons rencontré une voiture qui rapportait le corps de M. de Contenson, colonel du 5ᵉ cuirassiers, que, par grand hasard, sa famille avait pu retrouver ; il avait été tué le 30 août à Mouzon[2]. C'est là que deux de nos régiments de cuirassiers ont été jetés à la Meuse par un corps d'armée[3] ; ces pauvres cuirassiers, ils ont été rudement écharpés pendant cette campagne, et pourtant ils sont restés jusqu'au

1. « *C'est très bien.* »

2. Le lieutenant-colonel de Contenson fut tué en chargeant à la tête de son régiment, au moment où il allait aborder, le premier, la ligne ennemie. Non loin de l'endroit où il est tombé se dresse aujourd'hui, sur la voie romaine, le monument érigé à sa mémoire. (Dick de Lonlay, *Français et Allemands*, t. I.)

3. Voir p. 109.

bout inébranlables sous le feu : je vous raconterai un peu plus loin quelque chose à ce sujet.

« Pendant les cinq jours de notre marche pédestre vers l'exil, il n'y a pas eu peut-être une heure où il ne nous soit arrivé des épisodes à raconter ou à garder dans nos souvenirs ; à pareille vie, l'on vit vite en peu de temps ; je ne puis vous raconter tous ces détails, ce serait un volume que je vous enverrais. — Nous avons, ensuite, le quatrième jour, traversé le champ de bataille de Mars-la-Tour et Vionville[1] (journée du 16 août) ; on voyait, comme si c'était la veille, les traces de la lutte acharnée qui s'y est livrée ; la terre était piétinée, le sol était jonché de débris de toutes sortes, casques, schakos, képis, bottes, ceinturons, armes brisées, et aussi loin que l'on pouvait voir, ce n'étaient partout que tumulus grands ou petits. On nous en a montré un qui contenait 1100 cadavres ; ils étaient là, par deux, par quatre, par cinquante, dormant tous ensemble, amis et ennemis ; nous nous figurions cette bataille que nous n'avions pas

1. Voir p. 96.

vue, nous en retrouvions tous les détails ; au plus ou moins grand nombre de fosses nous jugions les points où la lutte avait été plus vive ; nous nous nommions ceux de nos amis ou camarades dont nous savions la mort : ils sont peut-être là sous ces tombes que nous foulons, peut-être y en a-t-il d'autres de nos amis dont nous ignorons le sort, ils sont là plus de 40.000 Français ou Prussiens. C'est là, nous disions-nous, qu'était la cavalerie de Frossard, c'est là qu'est tombé le général Legrand haché de coups de sabre ; à côté de lui, son aide de camp, mon camarade Longuet ; c'est ici que Cramayel a été jeté à bas de son cheval par une balle et fait prisonnier ; ce doit être encore ici que d'Elchingen a reçu quatre coups de sabre sur la figure ; un peu plus loin, nous reconnaissons la place occupée par la cavalerie de la Garde : c'est ici qu'est tombé Villeneuve, la tête ouverte par trois coups de sabre, etc.[1], et nous devisions, par-

---

1. Langlois-Fontaine de Cramayel (L.), capitaine au 2° régiments de voltigeurs de la Garde, tué. Ney d'Elchingen (M.), lieutenant-colonel à 37 ans, au 7° dragons, blessé. De Villeneuve-Bargemont (L. J. A. L.), chef d'escadrons aux lanciers de la Garde, blessé. *Etat nominatif des officiers tués ou blessés pendant la guerre 1870-71*, par A. Martinien.

lant successivement de tous ceux que nous connaissions et dont nous ne savions pas le sort, car nous avons ou nous avions de nombreux amis devant Metz : nous causions et nous marchions, d'autant plus tristes de nous rendre en captivité au lieu de rejoindre cette brillante armée de Metz. Le lendemain, nous avons traversé une partie de l'armée du prince Frédéric-Charles [1]. Là, je dois l'avouer, nous avons été frappés de la bonne tenue et de la discipline remarquable de cette armée ; nous l'avons d'autant plus remarqué que nous venions d'être témoin de l'indiscipline et, par suite, du désordre de la nôtre. En nous voyant passer, les soldats nous regardaient avec curiosité, mais sans montrer un trop grand empressement, et surtout sans aucune manifestation hostile. Les officiers nous saluaient presque tous, et plusieurs même nous offraient des cigares. Nous sommes arrivés ainsi à Rémilly le cinquième jour de notre voyage, vers 5 heures du soir, et nous avons été embarqués vers 8 h. 1/2, le vendredi. A partir de ce

1. Armée d'investissement de Metz.

moment nous avons marché sans nous arrêter, autrement que pour manger, jusqu'à
Stettin, où nous sommes arrivés le lundi dans
la soirée. C'est ainsi que j'ai visité toute la
vallée de la Nahe et celle du Rhin, depuis
Bingen jusqu'à Cologne ; j'étais monté sur une
des vigies du train, afin de mieux voir ce
splendide paysage, que je n'ai pu m'empêcher
d'admirer profondément malgré les graves et
tristes préoccupations qui m'assiégeaient le
cœur. Je n'avais jamais, certes, supposé que
je devais un jour faire ce beau voyage dans
une pareille position. Ici, nous avons été reçus
sans trop de curiosité, il y avait déjà beaucoup
de prisonniers arrivés avant nous ; la population ne nous témoigne pas la moindre hostilité ; les gens du pays nous disent qu'ils ne
nous en voulaient pas et que ce n'est pas eux
ni leur roi qui nous ont fait la guerre, que
c'est particulièrement l'Empereur Napoléon et
Bismarck qui ont fait cette guerre ; et je crois
qu'au fond ils ont raison.

« Nous voilà bien bas en France. Paris sera
sûrement attaqué quand vous recevrez ma
lettre.

« Dans une lettre que j'écris à Marie, je lui donne des détails sur ma vie ici : en deux mots, nous sommes bien traités par les habitants et par l'armée, et nous serions bien si nous n'étions captifs et loin de notre pays et de tout ce que nous aimons.

« Voici le petit détail relatif aux cuirassiers, dont je vous ai parlé au commencement de ma lettre [1].....

« A revoir, quand il plaira au ciel, bien cher et aimé père, et, en attendant, je vous aime et embrasse du fond du cœur en fils tendrement affectionné.

« STANISLAS.

« J'embrasse tendrement. Marie, Charles et les enfants ; il n'y a pas de jour où ma pensée ne se reporte sur vous tous, je dirai presque pas d'heure.

« P.-S. — J'embrasse tendrement l'oncle de Poterat, lui ai écrit et vais lui écrire, écrivez-lui deux mots pour moi. Que deviennent

---

1. Suit le récit relaté plus haut des compliments adressés par un général prussien au capitaine d'Orcet, sur la conduite des cuirassiers, lors de l'entrevue du soir de Sedan.

tous nos cousins et amis ? Peu de politique, mais beaucoup de détails sur tout le monde. »

Les lettres écrites aussitôt après la bataille de Sedan n'étaient pas parvenues à M. le Vicomte d'Orcet, et celui-ci avait dû, pour avoir des nouvelles de son fils, s'adresser à des bureaux de renseignements établis à cet usage.

Il nous a paru intéressant de reproduire ici les demandes de renseignements . avec les réponses telles qu'elles fonctionnaient pendant la guerre.

Tout d'abord un avis d'un journal belge, sur la façon dont il fallait s'y prendre pour avoir des nouvelles :

Indépendance Belge, (éditée le soir)
Lundi 24 octobre

AVIS

La légation de l'Allemagne du Nord informe le public que pour la durée de la guerre actuelle entre l'Allemagne et la France, deux bureaux de renseignements sur les prisonniers de guerre ont été établis à Berlin, dont l'un ressort de l'administration du ministère de la guerre, tandis que l'autre est dirigé par le comité central des associations allemandes pour secours aux militaires blessés ou malades.

Le premier de ces bureaux est destiné à donner les renseignements sur le séjour des prisonniers non blessés, officiers ou soldats internés dans les places fortes ou autres villes de l'Allemagne. Le second ne s'occupe que des militaires blessés, soignés dans les hôpitaux.

Pour éviter des correspondances inutiles, les personnes intéressées feront bien de s'adresser directement à l'un ou à l'autre de ces bureaux, selon la catégorie de leurs demandes. L'adresse sera donc au « Bureau de renseignements du comité central, n° 74, sous les Tilleuls, à Berlin », quand il s'agit d'un militaire blessé, et « Bureau de renseignements sur les militaires français prisonniers, ministère de la guerre à Berlin », quand c'est un prisonnier non blessé sur le séjour duquel on désire se renseigner.

Une demande avait été adressée aux bureaux par M. Duvernois, chancelier.

Réponses des bureaux de renseignements, aux demandes adressées par l'intermédiaire de la légation de France à la Haye le 27 octobre.

1ᵉʳ Bureau, Ministère de la guerre, Berlin.

« M. d'Orcet est interné à Stettin.

Berlin, le 31 octobre 1870.

« *Le bureau de renseignements,*

« BRAUCHITSCH. »

2ᵉ bureau, n° 70, sous les Tilleuls, Berlin.

« M. d'Orcet, capitaine du 2ᵉ des cuirassiers, est interné à Stettin (6ᵉ compagnie).

« Berlin, le 4 novembre 1870.

« BRAUCHISTCH. »

Réponse à une demande de renseignements adressée à Berlin, par l'intermédiaire de la légation de France à la Haye.

« Le bureau central de renseignements à Berlin a l'honneur de vous informer que M.

d'ORCET

ne figurant pas dans la liste des soldats blessés ou malades, nous avons tous (*sic*) lieu de croire qu'il se trouvera parmi les prisonniers de guerre non blessés. Le Ministre de la guerre se chargeant, lui-même, maintenant, de donner des renseignements sur des prisonniers non blessés, nous lui avons transmis la lettre du consul de la France aux Pays-Bas, demandant les renseignements sur Monsieur votre fils.

« Le bureau central de renseignements,

« *Le département français,*

« Dʳ WREDE. »

Nous avons tenu également à reproduire ici deux lettres, l'une adressée au père du capitaine d'Orcet, l'autre au capitaine lui-même, après les événements de Sedan, montrant combien celui-ci était l'objet d'une tendre sollicitude de la part de sa famille et de ses amis.

Lettre de M. de Miramon à M. d'Orcet

« Paulhac, 4 novembre 1870.

. . . .

« Après les nouvelles de Stanislas que vous m'avez transmises sur ma demande à la suite de la bataille de Wœrth, je suis tombé dans la même inquiétude à son sujet à la nouvelle de la capitulation de Sedan..... Je n'ai point été surpris de l'attitude de Stanislas en cette affaire ; elle ne pouvait qu'être conforme aux parfaits sentiments de droiture et d'honneur que je lui connais.

. . . .

« Henri[1] est parti d'ici, sans me rien dire, à la nouvelle que sa mère voulait le faire entrer dans un collège ou une école préparatoire à Clermont et, se passant de consentement, s'est engagé au Puy dans la mobile, au 67° régiment de marche. Il a passé assez

---

1. Henri de Miramon, frère de l'auteur de cette lettre.

rapidement par les grades inférieurs et il a été nommé sous-lieutenant l'autre jour à Bourges, Actuellement, il est à Vendôme ; seul de son régiment il avait vu le feu le 27 : il commandait un détachement de 20 hommes, escortant un convoi de poudre et d'armes jusque dans la forêt de Marchenoire. Il a été attaqué par les Prussiens, et son colonel, qui a écrit, dit dans une lettre que je viens de lire : « Mira- « mon, qui commandait, s'est tiré avec cou- « rage et intelligence d'une position assez « critique. »

« J'ai reçu, ce matin, une lettre d'Henri, datée du 30 ; il me dit qu'il va très bien, mais ne m'ouvre pas la bouche de son baptême du feu. . . . .

« RENÉ. »

Lettre de Mme d'Aulan au capitaine d'Orcet, à Stettin

« Munich, 28 octobre 1879.

« Je veux vous dire tout franchement, cher Monsieur, qu'après vous avoir pleuré mort, j'ai également pleuré, mais de joie, en reconnaissant votre écriture, mardi à Gand. Aucune lettre de vous ne nous est parvenue ni avant ni après celle de Frœschwiller, et je vous laisse à penser si nous étions inquiets ! Je ne suis certainement pas assez bonne pour croire un seul instant que mes prières ont pu vous préserver, mais je vous assure toutefois qu'ainsi que les enfants, je n'ai pas passé un seul jour sans demander de tout mon cœur à Dieu de vous protéger. Je le bénis et le remercie maintenant de ce qu'il l'a fait. C'est avec bonheur que j'ai transmis immédiatement vos nouvelles à M. d'Orcet et à Arthur. Le pauvre garçon, qui est tout seul à Aulan, aura, lui aussi, été bien heureux ; son cœur est vraiment brisé et je l'ai vu littéralement désolé et pleurant à chaudes larmes. Deux de ses bons amis, hélas ! ne sont plus, Robert de Vogüé et Louis d'Hendecourt [1], et il répétait sans cesse : « Pourvu « qu'il n'arrive pas malheur aussi à d'Or- « cet !... »

« Mon beau-père est à Aulan, Montbrun et Valence ; il tâche, ainsi qu'Arthur, de se rendre utile, et, au reste, leur place est bien là, puis-

1. Lesergeant d'Hendecourt (L.-M.), capitaine, officier d'ordonnance de l'Empereur, tué à Sedan.

que l'un est membre du conseil général et l'autre maire. . . . .

« Comme j'ai pensé à vous hier à Mayence, et comme j'aurais volontiers fait halte si vous y aviez été au lieu d'être à Stettin ! J'ai eu beau regarder, je n'ai pas vu un nez de connaissance, et pourtant on m'a dit qu'il y avait une masse de prisonniers. A Gand, ma grande occupation était d'aller à l'hôpital, soigner les blessés français, et j'étais bien contente de voir que la vue d'une payse leur faisait plaisir.....

« Les enfants vous envoient un millier de tendresses, et puisque vous êtes son fiancé, je peux bien vous dire que Louise a été très bonne pour moi dans ces tristes événements : elle a tout compris d'une manière étonnante pour son âge, et elle a souffert comme une grande personne. Il fallait me cacher d'elle pour pleurer. C'est vraiment un bon petit cœur.

« Au revoir, cher Monsieur, je vous envoie tous mes meilleurs souvenirs et la nouvelle assurance de ma bien sincère amitié.

« Comtesse d'Aulan. »

Du capitaine d'Orcet à son beau-frère, M. de Verne :

Stettin, 29 octobre 1870.

Je viens de recevoir, mon cher ami, une charmante lettre de René, qui a su mon adresse par Anatole; j'en conclus donc que vous avez fini par recevoir aussi mes lettres, ou que, du moins, vous savez de mes nouvelles par Anatole et que vous connaissez le moyen de correspondre avec moi; j'attends donc une lettre d'un instant à l'autre, soit de mon père ou de vous, et elle sera la bienvenue, je vous assure, car les dernières nouvelles que j'ai eues directement de mon père ou de Marie, je les ai reçues le 20 et le 21 août au camp de Châlons; la plus récente de mon père portait la date du 10 août, celle de Marie était du 16 ou 17 du même mois, je ne me rappelle plus au juste, car j'ai brûlé toutes mes lettres le 23, en même temps que nous incendions le camp de Châlons, avant de le quitter. Enfin, je sais par Anatole que vous allez bien, c'est le principal.

« Il me dit dans une lettre que ma tante

vous a offert, à tous, asile à Fargues, pour le
cas où vous voudriez émigrer du Veuillin, et
René me dit dans sa lettre que, pareillement,
il serait heureux de vous recevoir ; je verrais
avec plaisir Marie et ses enfants, et Madame
votre mère profiter de l'une ou l'autre de ces
offres, pour le cas où vous seriez menacés
d'une invasion, mais l'expérience que j'ai le
triste privilège d'avoir acquise à ce sujet me
fait vous conseiller de ne pas laisser le
Veuillin absolument sans maître ; ils ne
pillent pas les châteaux habités et ne font
aucun mal aux habitants, pourvu qu'il n'y ait
pas d'acte d'hostilité contre eux ; ils se con-
tentent d'y loger, soit un général, soit un
colonel, et si vous étiez réduit à cette triste
extrémité d'être envahi, je vous engagerais
même à offrir le logement à un chef : on
obtient ainsi protection pour ses propriétés et
même pour les habitants du pays, auxquels
on peut éviter des contributions, et autres
inconvénients, lorsqu'on sait leur montrer
qu'on a de l'influence dans le pays et qu'on
peut donner de bons et utiles conseils aux
habitants, en les dissuadant d'une lutte qui

par son impossibilité deviendrait dérisoire : j'ai vu des exemples de cela sur toute la route que j'ai suivie de Sedan jusqu'à la frontière ; plusieurs de nos compagnons de captivité ont donné ce conseil à leurs parents, qui leur ont écrit s'en être bien trouvés ; tandis qu'au contraire ils dévastent et pillent, quand ils ne brûlent pas, les châteaux abandonnés par les propriétaires ; si vous suivez ce conseil, je vous engage à vous procurer du champagne de Clermont ; peu leur importe si c'est de première qualité, pourvu que cela mousse et pétille, mais ils tiennent à en avoir et n'admettent pas qu'un propriétaire aisé n'en ait pas toujours dans sa cave. — Quant à l'émigration, je vous engage à profiter de l'invitation des Miramon, surtout de celle de Fargues. Orcet ne serait pas assez loin, car il est certain que s'ils viennent dans vos environs pour prendre Bourges, ils enverront leur cavalerie et de petits corps fourrager dans toute la Limagne qui serait à leur portée, et leur offrirait un riche grenier d'approvisionnements en tous genres, et je vous déclare que ces corps de partisans sont redoutables pour les gens qui ont une famille à préserver, car ils pillent quelquefois, ce que ne font pas les armées régulières, et surtout sont dangereux parce que l'on résiste généralement aux premières avant-gardes qui ne sont pas nombreuses et qu'il y a des représailles quelquefois terribles ; s'ils viennent chez vous, pour sûr ils iront à Clermont et dans toute la Limagne. Ces réflexions et ces conseils me sont suggérés par la nouvelle que j'ai lue qu'un corps d'armée était à Montereau et menaçait Montargis.

. . . .

« Répondez-moi, je vous prie, un peu longuement, mais lisiblement, sans quoi on ne me donnerait peut-être pas votre lettre. J'embrasse tendrement Pierrot et mon fieu ; j'embrasse pareillement de tout cœur mon père, Marie et vous, et vous envoie toute l'affection d'un frère tendrement affectionné.

« STANISLAS. »

Ces conseils n'étaient pas superflus si l'on

examine quelle était la triste situation de la France à cette époque.

Voici une lettre de M. de Poterat, oncle du capitaine d'Orcet, à M. du Verne, dépeignant le trouble jeté dans les campagnes par la présence des troupes allemandes :

« Ce lundi 20 février 1871.

. . . .

« Nous avons eu de cruels temps ici depuis le 4 décembre à la reprise d'Orléans par les Prussiens, nous n'avons pas cessé de les avoir sur le dos, depuis ce moment pendant quinze jours de suite, avec accompagnement de batailles tout autour de nous, pendant cette quinzaine; nous n'avons pas été un seul jour sans entendre le canon, bien souvent c'était assez près pour distinguer très bien le bruit particulier des mitrailleuses et celui même de la fusillade des tirailleurs.

« Nous avons été écrasés de passages de troupes allemandes, aussi notre pauvre pays est ruiné à plat : plus de bestiaux, plus de fourrages, plus de grains, j'ai même un corps

de ferme complètement abandonné, et s'il n'a
pas brûlé, il y a huit jours, c'est que le bon
Dieu ne l'a pas voulu ; ils faisaient des feux le
long des murs qui commençaient à brûler le
bout des chevrons, ils sont tout carbonisés ;
ils étaient trois cents. Dans ce moment-là, j'en
avais ici même nombre, avec un général, ses
2 aides de camp et six officiers d'infanterie,
fourgons, 40 chevaux. Oh ! voyez-vous, ceux
qui n'ont pas passé par là ne peuvent pas se
douter de ce que c'est. Nous avons eu aussi
un poste avancé à Cléry (du 5 janvier au
14 février) ; c'était un autre genre d'ennuis,
nous n'en avions pas par ici, mais ils avaient
des factionnaires au chemin de Cléry et on ne
pouvait y entrer et en sortir sans un laisser-
passer du commandant de place, même le
dimanche pour aller à la messe. Puis des
amendes à payer, puis des fourniture de bottes à faire pour chausser ces messieurs ; enfin,
pour employer les loisirs de l'armistice, on
nous demandait un léger impôt de 70.000 fr.
pour la commune, et on appuyait cela d'occupation militaire avec nourriture des hommes
à vos frais ; j'en ai 48 dans ces conditions

encore et on menaçait d'aller en doublant, mais, heureusement, ils ont fini par entendre raison et voir l'impossibilité réelle pour ce pays et vont, je crois, se retirer; et puis d'ailleurs je crois que nous touchons à la paix. Sur la propriété, on a enlevé cinquante et une vaches, et il ne reste ni foin, ni paille, ni un grain d'avoine, même pour la semence; jusqu'actuellement pas de bâtiments de manque, c'est encore heureux, car en Beauce il y en a bien eu de brûlés.

« Ma santé n'a pas mal supporté tous ces chocs, le bon Dieu donne la force pour porter l'épreuve, mais, malgré cela, ces derniers jours, je me sentais ployer sous le faix. Enfin, je crois que nous touchons le bout.......

« EUGÈNE. »

Au mois de février 1871, M. le vicomte d'Orcet fit auprès de M. de Falloux une démarche pour obtenir un échange de son fils interné à Stettin.

M. de Falloux lui écrivit en lui envoyant la réponse du Ministère de la Guerre :

STANISLAS D'ORCET

Capitaine de Cuirassiers

(Photographie faite à Stettin en 1871.)

MINISTÈRE DE LA GUERRE
—   Paris, le 15 février 1871.
CABINET DU MINISTRE

« MONSIEUR LE COMTE,

« En l'absence de M. le général Le Flô, en
ce moment à Bordeaux, j'ai reçu votre recom-
mandation et la demande formée par M. le
comte d'Orcet dans le but d'obtenir que son
fils, capitaine au 4e régiment de cuirassiers,
actuellement interné à Stettin, soit compris
dans un prochain cartel d'échange de prison-
sonniers.

« D'après l'usage constamment suivi et rap-
pelé par la première convention conclue entre
le gouvernement de la Défense nationale et le
gouvernement prussien, les échanges de prisonniers doivent s'effectuer par ordre de prio-
rité de capture, ou, lorsque les circonstances
rendent cette règle inapplicable, par voie du
tirage au sort.

« Je ne saurais donc intervenir utilement
pour seconder votre désir de voir accueillir

favorablement cette demande, et j'ai l'honneur de vous en exprimer tous mes regrets.

« Recevez.....

« *Le Ministre de la Guerre par intérim :*
Signature illisible.

« Mille regrets, mon cher ami, de n'avoir pas une meilleure réponse à vous transmettre.

« FALLOUX. »

Dès le mois de novembre 1870, M. d'Orcet s'était occupé d'un échange pour son fils. Voici à ce sujet de curieux détails qui s'y rapportent.

Lettre de M. de Poterat à M. du Verne

« Le Mardereau, ce dimanche 20 nov. 1870.

« Je viens de recevoir la lettre de votre beau-père en date du 18, mon bon ami ; je pense que nos deux lettres se sont croisées et qu'il aura reçu celle que je lui répondais en lui donnant longuement des détails sur ce qui s'était passé autour de nous et aussi des nouvelles de chacun, je le priais de vous remercier de votre lettre que j'avais eue deux ou trois jours avant la sienne. J'ai été bien heureux d'avoir enfin des nouvelles directes de ce bon Sta, auquel, suivant son désir, je me suis empressé d'envoyer une longue épître de quatre pages grand format, un vrai journal de nouvelles sur chacun pour le désennuyer, l'engageant fort à me récrire promptement.

Maintenant, comme le temps me presse pas mal à cause du jour (dimanche) et que je ne veux pas retarder ma réponse, j'arrive tout de suite au but de la lettre de votre beau-père, c'est-à-dire aux espéranees de possibilité d'échange de Stanislas contre un fils ou neveu du général de Thann [1], fait prisonnier à la dernière bataille. Je crois qu'il n'y faut pas compter. Voilà les faits exacts, car ils se sont passés près de nous à Lailly. C'est le dimanche 16 octobre au matin, que dans une pointe faite à Lailly par un détachement de cuirassiers blancs, envoyés en éclaireurs, ils ont reçu avant d'arriver à Lailly une volée de balles de francs-tireurs qui en a mis un certain

---

1. Probablement le général major de Thann, commandant la 4ᵉ brigade de la 2ᵉ division du 1ᵉʳ corps bavarois.

nombre par terre, entre autres l'individu en question, qui, je crois, n'avait pas de grade apparent; je ne sais s'il était volontaire ou cadet, ou je ne sais quoi; je crois qu'il n'était pas très blessé, mais que son cheval était tombé sur lui et qu'il ne pouvait se dégager; alors les gens du pays, très montés, sont arrivés et ont voulu l'achever à coups de barres de fer, comme on ferait d'un loup pris dans un traquenard; heureusement pour lui, est survenu Paul de Lorges, qui habite là, et qui est parvenu à empêcher qu'on l'achevât ainsi et le fit transporter à Fonpertuis; mais, sur ces entrefaites, sont intervenus les francs-tireurs, qui ont prétendu que c'était leur prisonnier, qu'il leur appartenait et que, comme souvent on ne voulait pas les reconnaître comme troupe et qu'on les fusillait brutalement, ils le voulaient comme otage, s'engageant, du reste, à ne pas permettre qu'il ne lui fût fait le moindre mal; ils étaient 90 ou 100, ils avaient les gens du bourg en grande partie pour eux. Paul de Lorges a donc été obligé de céder, et ça lui a même causé des ennuis par beaucoup de sottises qui ont été débitées sur son compte à cause de cela, et maintenant il s'est engagé dans les volontaires de l'Ouest (le corps de Charette). Quant audit Bavarois ou Allemand quelconque, il est parti pour Blois et Tours, sous l'escorte de deux gendarmes. Il a couru beaucoup de bruits sur sa personne et son origine : on a dit que c'était un fils morganatique du roi de Bavière. On a dit que c'était un fils du baron de Thann, d'autres ont dit que c'était son neveu ; le fait est qu'il a été très ému de ce qui lui est arrivé, que ce même jour il a demandé à mon ami Fricou, en lui signant un sauf-conduit pour retourner chez lui près Lailly, de s'en occuper pour qu'il ne lui fût pas fait de mal, faisant les plus grandes menaces contre les gens de Lailly ; le fait est que deux jours après, n'ayant pu l'avoir, il a envoyé deux ou trois mille hommes à Lailly et deux pièces de canon, et ils ont brûlé 22 bâtiments avec des cartouches à l'huile de pétrole, ils ont tué trois ou quatre habitants qu'ils ont jetés dans le feu, et fait périr deux ou trois autres sous les décombres, puis ils ont ravagé de bestiaux, de vivres, etc., tous les environs. Tout cela n'a pas rendu le prisonnier auquel le baron de Thann tenait beaucoup, et il a même prié un Orléanais, le marquis de Touanne, d'aller à Tours pour proposer un échange, offrant, m'a-t-on dit, quatre officiers contre le sus-dit, mais son ambassadeur est revenu sans résultat, on lui a fait donner l'assurance qu'il se portait bien, mais en même temps on a refusé l'échange, et voilà un mois de cela. Je doute donc fort que vous arriviez à un résultat de ce côté.

. . . .

« EUGÈNE. »

La seule diversion que le capitaine d'Orcet eut à ses tristes pensées de prisonnier était la correspondance avec son père ; il lui donnait les renseignements suivants sur le pays et le caractère des habitants :

« Stettin, 17 mars 1871.

« BIEN CHER ET AIMÉ PÈRE,

« Un de mes camarades partant encore

aujourd'hui en avance, je profite de son occasion pour vous écrire comme je l'ai fait hier; seulement je le ferai un peu plus longuement. Comme cette lettre ne sera pas lue, je commence par vous parler un peu de MM. les Prussiens. Lorsque je suis arrivé ici, j'étais, bien malgré moi, je vous l'assure, rempli d'admiration pour la nation qui nous avait vaincus aussi complètement. J'étais en ce moment sous le coup, d'un côté des profondes désillusions que m'avaient causées l'indiscipline d'une partie, hélas! trop nombreuse de notre armée, la nullité et l'incapacité de plusieurs de nos chefs, et enfin le désordre général qui a présidé à toute cette campagne, et d'un autre côté, j'étais sous le coup de l'envieuse jalousie que m'avait inspirée l'aspect de cette armée prussienne, si bien ordonnée et disciplinée, et il en résultait pour moi une admiration qui, quoique involontaire, était nécessairement exagérée par le contraste que j'avais eu sous les yeux de deux armées si différentes; mais à mesure que j'ai habité davantage ce pays, mes opinions se sont beaucoup modifiées : la nation prussienne

demande à être vue de loin et sans micros-
cope : il ne faut pas s'en approcher trop près,
car ils sont tous au moral comme leurs soldats au physique, qui, sous leurs habits flam-
boyants, sont malpropres et sentent mauvais.
Ils se vantent à tout propos de leur bonté et
de leur loyauté, et cela m'avait déjà inspiré
de la méfiance à leur endroit, car j'ai toujours
remarqué que les hommes sont portés à s'at-
tribuer les qualités qui leur font le plus
défaut ; et je dois dire que les Prussiens n'ont
fait que me confirmer dans l'opinion que je
viens d'énoncer ; ils ont commencé à nous
manquer de parole à Sedan ; et depuis, ils
n'ont jamais manqué de revenir sur ce qu'ils
avaient pu nous promettre, dès que leur
intérêt a été en jeu à un degré quelconque.
Pour ce qui est de leur manque de bonté, je
crois qu'en France vous savez aussi bien
que moi à quoi vous en tenir ; pour moi
ce que je leur ai vu faire à Bazeilles, ce
que j'ai lu dans les journaux, les faits dont
ils se vantent eux-mêmes avec naïveté, si ce
mot peut s'appliquer à de pareilles horreurs,
m'ont causé un sentiment qui m'était incon-

nu, la haine; et c'est une de ces haines que rien ne peut éteindre que la représaille; si je ne l'ai pas, cette représaille, mon dernier soupir sera une malédiction contre eux. Il n'y a qu'un mot qui puisse peindre ce que j'éprouve :

Moi seul en être cause et mourir de plaisir!

« Je m'aperçois que je m'éloigne de mon sujet et que je me laisse aller à la pensée qui m'absorbe depuis si longtemps et que j'ai dû étouffer puisqu'ils lisaient mes lettres..... J'ai dit qu'ils n'étaient ni bons, ni loyaux; j'ajouterai que tout sentiment noble et généreux leur est non seulement inconnu, mais qu'ils ne peuvent le concevoir; je vais plus loin : le dévouement, le courage dans l'adversité, tous les sentiments élevés, leur causent souvent cette irritation sauvage, qu'excite chez certains athées, l'expression d'une croyance religieuse, et ils se vantent d'être civilisés! Je crois qu'il en est pour eux de la civilisation comme de la bonté et de la loyauté; les paysans les plus illettrés de France sont plus civilisés que certains de leurs savants, tant il

est vrai que c'est l'éducation, et non l'érudi-
tion, qui fait la civilisation. Ajoutez à cela
que leur esprit est lourd comme leur ciel cou-
leur de plomb et épais comme l'affreux pain
de seigle qu'ils mangent. Figurez-vous que,
pendant le siège de Paris, leurs journaux faisaient des traits d'esprit sur la disette ; les
gravures représentaient des femmes maigres
voyant leurs enfants mourir de faim dans
leurs bras, Jules Favre avalant un chien tout
cru, etc. Hop, hop, nous bombardons !... etc. ;
d'un autre côté les gens d'esprit du cru nous
disaient : « Il paraît qu'il est très à la mode
chez vous de manger du rat et du chien ; est-
ce bon? vous devez en avoir mangé, puisque
vos duchesses et vos marquises s'en régalent ;
si vous voulez, on pourra vous en servir »,
et autres gentillesses de même goût et aussi
spirituelles ; et encore je ne vous parle là que
de saillies des gens du monde, dans le peuple
c'était bien autre chose. L'hypocrisie est leur
qualité dominante, et c'est ce qui m'irritait le
plus quand je voyais le vieux roi Guillaume
brûler les villages, faire fusiller les femmes
et les enfants et pendre les prêtres en invo-

quant le nom de Dieu. La morale fait absolument défaut chez eux ; quant aux mœurs, l'hypocrisie à cet endroit est très en usage.

« J'arrive tout naturellement à vous parler de la religion, qui est nulle ; il n'y a pas de haine contre elle, mais une indifférence absolue ; il y a ici pour 80.000 hommes 4 temples dont 2 sont des chapelles, mais il faut ajouter qu'ils sont toujours vides, seulement les magasins sont fermés le dimanche, l'après-midi ; leur instruction religieuse est nulle, ce sont les professeurs laïques pour les filles comme pour les garçons qui parlent de religion tout en faisant des cours de géographie, d'histoire, etc..... ; il en résulte une religion de convention qui consiste à dire : « *Gott ! Himmel !...* *Le souffle divin passe sur nous... c'est le jour du Seigneur... Le vent nous apporte quelque chose de mystérieux et de saint* », mais qui ne sert en rien à la moralisation publique et n'est qu'une croyance très indéterminée.

« L'administration est tout à fait élémentaire et basée uniquement sur la force, elle est donc nécessairement peu honnête ; sa principale occupation est de faire pavoiser les maisons

à tous les anniversaires de naissance ou de
mariage de tous les princes (cela arrive souvent deux fois par semaine) et à percevoir une
amende au plus petit retard. Il n'y a de
remarquable que l'organisation militaire, qui
est réellement très habile, que nous serons
obligés d'adopter et qui a pour premier résultat de discipliner toute la nation, ce qui ren-
drait certes un grand service à notre pauvre
pays, s'il est possible d'y obtenir ce résultat.

« Nous relèverons-nous jamais? et aurons-
nous une revanche? A voir ce qui se passe à
Paris, on pourrait en douter, et pourtant, je
crois ; mais cette croyance appartient à un
ordre providentiel et ne peut être discutée
avec tout le monde. Les Prussiens ont proclamé que notre défaite était le triomphe du
Protestantisme sur le Catholicisme, que c'était
au Protestantisme qu'ils devaient leur force;
tandis que nous devons au Catholicisme
notre abaissement et notre décadence, que
Rome était tombée en même temps que nous,
et ils ajoutent que le temps du Catholicisme
est fini et qu'il n'existe pour ainsi dire plus de
fait, puisque la seule nation qui le soutenait

et qui fut une nation vraiment catholique,
était tombée comme lui. Je crois, au contraire,
moi, que le Catholicisme et la France se
relèveront ensemble, et que la France sera
relevée parce qu'elle est la seule nation catholique et qu'elle en sera récompensée, de
même que Napoléon a été puni et renversé
du jour où il a livré Rome. C'est par la religion et les rois que la France a été grande,
c'est par eux qu'elle le redeviendra.

« Ceci m'amène naturellement à parler de
celui que je compte voir en rentrant en
France, mais je ne crois pas son temps venu.
Je le verrais rentrer tout à l'heure avec peine, car ce ne serait pas pour longtemps ; il
y a dans ce moment à prendre des mesures
extrêmes qu'une république seule ose prendre
parce qu'elle est un gouvernement imperson-
nel, et qu'un gouvernement personnel ne
pourrait et n'oserait prendre, car on dirait
aussitôt qu'il agit dans un intérêt dynastique
et tous les intérêts lésés s'élèveraient contre
lui.

« J'embrasse tendrement Charles et Marie
et leur envoie les plus vives amitiés ; si j'ai

une nouvelle occasion, je leur écrirai, mais, sous votre couvert, ne connaissant pas leur adresse à Clermont. J'embrasse tendrement l'oncle Hercule.

« Adieu, bien cher et aimé père, je vous aime et embrasse du fond du cœur en fils tendrement affectionné.

« STANISLAS.

« Mes plus respectueux et affectueux hommages à M. de Verne ; je prends bien part à toutes ses souffrances. »

« Stettin, 20 mars 1871.

« BIEN CHER ET AIMÉ PÈRE,

« Voici une nouvelle occasion qui se présente pour moi de vous envoyer une lettre à peu près sûrement (car en France, il n'y a rien de bien sûr aujourd'hui), et j'en profite pour vous écrire quelques lignes ; dans la lettre que je vous écrivais le 17, je vous parlais des causes de décadence prochaine ou du moins probable que je voyais dans l'organisation du royaume de Prusse formé d'éléments si divers, et dont les intérêts même sont si opposés. Dans cette diversité d'éléments et d'intérêts, se trouve pour l'empire allemand et même pour la Prusse, une cause de dissolution prochaine, si l'on a en France le bon esprit de se taire et de ne pas raviver et exalter le patriotisme allemand par des rodomontades ; en effet, ce patriotisme allemand est un sentiment assez vague et peu défini, comme tous les principes dans ce pays (sauf pourtant le principe autoritaire, qui est des plus absolus), et disparaîtra bientôt si nous avons la sagesse de ne pas le raviver par des imprudences. Je crois qu'un danger de plus se présente pour la Prusse dans l'annexion de l'Alsace et de la Lorraine ; c'est un ennemi ardent et acharné qu'ils ont introduit dans leur maison. Ils en avaient déjà un dans la nation polonaise, et maintenant ils vont en avoir deux ; c'est beaucoup et je crois même trop. A propos des Polonais, je ferai remarquer un trait caractéristique qui peint bien le caractère prussien et qui, quoi que puissent dire les ennemis de la France, est bien à notre avantage. Il y a cent ans qu'ils ont le duché de

Posen et ils n'ont pas su se l'assimiler ; il y a dix ans que nous avons la Savoie, et dans notre dernière et malheureuse guerre ce pays s'est fait remarquer par son dévouement patriotique.

« C'est une nation de cœur que cette nation polonaise ; ici, dans les forts il y a 400 prisonniers polonais qui sont aux fers pour avoir refusé de se battre contre la France ; entre autres, il y a un colonel qui a refusé au prince royal en personne, un capitaine et quelques officiers ; de plus, ils en ont fusillé une trentaine pour avoir refusé avec trop de violence de partir pour la guerre ; ajoutez à cela que pour calmer les esprits dans le grand-duché de Posen ils ont été forcés de faire rentrer toute la landwehr de ce pays depuis le mois de décembre. Je vous ai parlé dans ma dernière lettre de la religion dans ce pays, mais seulement des protestants ; il y a aussi environ 1200 catholiques sur une population de plus de 80.000 hommes, et il y a pour eux une petite chapelle contenant environ 500 personnes, dans l'intérieur de la citadelle. Aux deux messes du dimanche il y a une cinquantaine d'officiers français, autant de femmes de la ville et quelques enfants, une dizaine d'hommes au plus, et le reste est rempli, comblé, je dois même dire par les soldats polonais, car Stettin est une garnison pour les troupes polonaises. Les Polonais sont tous là avant le commencement de la messe, mais les Stettinois et les Stettinoises arrivent jusqu'à l'*Ite Missa est*.

« Ces braves habitants de Posen sont, pour nous, pleins de prévenances ; lorsque nous arrivons et qu'il n'y a plus de places dans les bancs, ils nous offrent leurs places avec le plus grand empressement ; ils nous disent : « Français, amis... frères », et nous saluent pour la plupart. Quand ils sont chargés de surveiller le travail des soldats prisonniers, ils les empêchent de travailler, en leur disant que c'est assez travailler pour des Français.

« Braves gens que nous avons jadis abandonnés et qui sont toujours restés nos amis ![1]

« Et nous, nous relèverons-nous jamais ? Je

1. Ces renseignements sont bien intéressants en raison des difficultés récentes que le gouvernement allemand a rencontrées dans le duché de Posen à l'occasion de l'introduction de la langue allemande dans les écoles polonaises.

l'espère, mais les bruits les plus sinistres nous arrivent, et je crains que notre régénération ne soit bien longue, si nous devons jamais nous régénérer ; aussi je suis bien triste du présent, triste de l'avenir. Je ne sais ce qui nous attend à notre rentrée en France ; mais, dans les tristes conditions où se trouve notre pays, je suis dans la plus grande hâte d'être autorisé à partir comme les favorisés qui me devancent.

« Adieu, bien cher et aimé père, je vous embrasse du fond du cœur, en fils tendrement affectionné.

« STANISLAS.

« Écrivez-moi donc une lettre à l'hôtel d'Eberg à Genève, et donnez-moi l'adresse de Marie à Clermont. »

A Mme du Verne.

Stettin, le 20 mars 1871.

« Une nouvelle occasion m'est offerte, chère amie, de faire partir une nouvelle lettre avec sécurité et je me hâte d'en profiter. Malheureusement, on ne sait ordinairement ces départs qu'au dernier instant, de sorte que j'ai peu de temps pour t'écrire. Mais je ne veux pas laisser partir un camarade sans lui donner un billet qui t'apportera au moins un souvenir du captif qui commence à trouver son exil bien lourd, dans un pays surtout si peu sympathique. Il est parti encore bien peu de prisonniers de Stettin, seulement les mobiles d'Alsace et de Lorraine, et parmi eux seulement ceux qui s'engagent à ne plus servir la France ; puis quelques officiers qui ont sollicité et obtenu la faveur de voyager à leurs frais. C'est un de ceux-là que porte ma lettre. J'ai demandé, moi aussi, à partir ainsi, mais mon autorisation n'est pas encore arrivée ; elle m'arrivera à l'improviste, j'espère partir vers dimanche prochain, et au fond je tremble que les événements qui se passent à Paris n'arrêtent mon départ, car les Prussiens ont suspendu la rentrée de leurs troupes, et ne paraissent pas disposés à nous lâcher. Quelle chose affreuse que cette révolution ! C'est la honte et le discrédit de la France dans toute l'Europe ; les Prussiens nous ont ruinés ! mais, ces misérables nous déshonorent. Pauvre France ! se relèvera-t-elle jamais[1] ?

« J'embrasse tendrement mon père, Charles et les enfants ; pour toi, cela va sans dire, chère et bonne petite sœur, merci encore une fois de ta charmante lettre que tu m'as écrite le 3o août dernier ; comme nous avons fait du chemin depuis et malheureusement dans la voie de la ruine !

« Mes hommages les plus respectueux et affectueux à M. du Verne.

« A bientôt, chère sœur, je t'aime et embrasse du fond du cœur.

« STANISLAS.

« Si les troubles continuent, il est probable que de la frontière même j'irai me mettre à la disposition du gouvernement à Versailles ; je considère comme un devoir impérieux pour tout honnête homme de concourir en ce moment à la défense de la société, dans la limite de ses moyens. »

1. Le capitaine d'Orcet veut parler ici de la Commune qui commençait.

« Bâle, 31 mars 1871.

« Bien cher père,

« Voici mon premier pas hors de cette fatale terre de captivité, dans un pays libre, et ma première pensée est pour vous : aussi je vous écris ces quelques lignes qui partiront en même temps que moi, pour Genève. Je vous écrirai de cette ville pour vous parler des personnes que je compte y voir, mais je ne pourrai aller vous embrasser de suite ; je suis obligé de renoncer à cette joie en présence du devoir qui m'incombe d'aller prendre ma place dans les rangs de l'armée de l'ordre à Versailles ; j'ai longuement réfléchi, et, quoi qu'il m'en coûte, je ne me crois pas le droit de manquer à mon poste le jour de la lutte suprême entre la société et la révolution, et je risquerais en allant à Clermont de ne pas arriver à Versailles à temps ; j'y vais, comme je l'écrivais, il y a quelques jours, au général Trochu avant de savoir si je pourrais partir, j'y vais sans aucune ambition personnelle, avec la seule volonté de remplir mon devoir comme

simple soldat de l'ordre. Il faut renoncer aujour-
d'hui à ces idées égoïstes et ambitieuses que le
dernier régime avait mises en honneur, il
ne faut plus songer qu'au devoir à accomplir,
et il est bon que ceux qui pensent ainsi soient
là-bas pour le proclamer ; ce que je ferai, je
l'ignore ; si l'on forme des compagnies d'officiers pour marcher en tête des colonnes d'attaque, j'en serai ; peut-être serai-je pris, soit
par Ducrot, soit par Ladmirault, peut-être
même irai-je prendre place parmi les soldats
de Charette. Nous sommes aujourd'hui dans
un moment où tous les honnêtes gens doivent
se lever et sortir de la torpeur où ils étaient
jusqu'à cette heure ; il faut se rappeler que les
devoirs sociaux priment les devoirs de famille
et de cœur, quelque sacrés et chers qu'ils
puissent être, et c'est pour cela que je ne me
détourne pas de ma route pour venir vous
embrasser. Je donnerais un mauvais exemple
si l'on pouvait douter un instant que j'ai
hésité dans la droite voie. Je compte être à
Lyon samedi soir ou dimanche, pour en partir
dimanche soir ; je ne m'y arrêterai (à l'hôtel
Collet) que le temps d'aller faire une petite

prière à Fourvières et régler mes affaires du même coup ; puis, en route pour Choisy-le-Roi et de là à Versailles, où nous verrons si les balles des insurgés me feront plus peur que celles des Prussiens ! Je vous enverrai de Lyon quelques petits souvenirs, dans un petit paquet que je mettrai pour vous au chemin de fer.

« J'ai reçu mon autorisation à Stettin, comme par miracle, au moment où je n'y pensais plus, tous les départs étant arrêtés par la Prusse, jusqu'à la fin de la révolution. Je suis parti en quelques heures et je viens d'en passer 3o en chemin de fer, je vous quitte pour aller me coucher ; je pars demain à sept heures pour Genève.

« A Marie, à Charles, tout ce que vous pouvez imaginer de plus tendre. Je les embrasse du fond du cœur ainsi que mes neveux. Je regrette bien de ne pouvoir aller les embrasser ainsi que vous, mais j'aime à croire que, dans les circonstances présentes, vous et eux pensez absolument comme moi, je pense trouver un mot de vous à Lyon)

« Je vous charge de toutes mes commissions

pour toute la famille ; sur ce, je m'en vais
dormir les poings fermés et vous embrasse,
auparavant, du fond du cœur en fils tendrement affectionné.

« STANISLAS. »

Le capitaine d'Orcet put cependant embrasser son père. Voici, à ce sujet, la note que
nous avons trouvée dans les souvenirs de
M. le vicomte d'Orcet, père du général :

« Presque en même temps que cette lettre[1],
je reçus à Clermont une dépêche de Genève,
par laquelle Stanislas me donnait rendez-vous
à Lyon, à l'hôtel. J'y courus ; dès son premier
abord, je fus frappé de l'expression de tristesse
qui couvrait son visage, au point que l'émotion de notre réunion, après une séparation
si longue et à laquelle s'étaient mêlées tant de
douleurs, ne put en soulever le voile ; pendant
ces heures que nous avons passées ensemble,
pas un rayon de joie n'est venu éclairer l'ef-
fusion de sa tendresse. Je compris bien vite

1. La lettre à laquelle il est fait allusion ici est la lettre précédente.

que la cruelle blessure qu'il avait reçue dans son honneur d'officier français absorbait tous les élans de son âme. »

Quelques jours après, le capitaine arrivait à Versailles pour prendre part aux opérations contre la Commune.

CHAPITRE VII

LA COMMUNE

Après la capitulation et la signature de l'armistice du 28 janvier, Paris venait en effet de s'insurger, et la guerre civile allait succéder à la guerre étrangère.

A cette révolution il y avait plusieurs causes :

Tout d'abord, il n'existait plus en France de gouvernement. « En tombant le 4 septembre, le régime impérial avait ébranlé l'administration tout entière, et le gouvernement de la Défense nationale n'avait pas créé de rouages politiques [1]. »

L'Assemblée nationale, qui lui avait succédé, s'était occupée avant tout de se prononcer sur la continuation de la guerre ou la conclu-

1. *Histoire de la France contemporaine*, par Hanotaux.

sion de la paix ; cette besogne accomplie, elle devait alors seulement essayer de donner à la France un gouvernement durable.

Au lieu de se transporter de Bordeaux à Paris, elle avait jugé plus prudent de s'installer à Versailles, et les Parisiens s'étaient sentis vivement blessés de cette décision qui « décapitalisait » la grande ville.

Celle-ci se trouvait, de plus, livrée, de par le licenciement de la Garde nationale et d'une partie de l'armée active, à plus de 600.000 individus sans travail, auxquels étaient venus se joindre une nuée d'aventuriers de tous pays, toujours prêts à grossir une émeute.

Tous ces gens, travaillés par les blanquistes, les socialistes et les 70 ou 80.000 affiliés à l'Internationale, se ralliaient à l'idée communaliste et se groupaient en un seul parti, dont la formule était : « Autonomie communale et fédération collectiviste ». Ils possédaient 450.000 fusils que l'on n'avait pas encore enlevés à la garde nationale et ils devaient former plus tard l'armée de la Commune. Enfin surtout, Paris avait trop souffert du siège et du bombardement. Toutes ces privations semblaient même n'avoir servi de rien, puisque l'ennemi était victorieux et que les troupes allemandes occupaient un tiers de la France. La capitulation avait été pour les Parisiens une profonde désillusion et la ruine de toutes leurs espérances. « Paris assiégé, Paris sans air, serré derrière ses forts dans une ceinture de murailles, étouffant dans sa fierté et ses colères vaines, rien que cette idée avait quelque chose de terrible. 250.000 hommes emprisonnés pendant 5 mois, on n'avait jamais rien vu de tel sur la terre. Paris avait été accablé de lui-même, de sa foule, de son poids, de son inaction ; il avait volontairement subi cette peine, mais au prix d'une dépense nerveuse qui l'avait affolé[1]. »

Enfin, la nouvelle des préliminaires de la paix signées le 26 février et livrant à l'Allemagne l'Alsace, la Lorraine et 5 milliards, et l'annonce de l'entrée prochaine des troupes allemandes dans Paris avaient mis le comble à l'exaspération.

Le 27 février, les 227 canons de 7 et les

---

1. Hanotaux, *Histoire de la France contemporaine.*

mitrailleuses qui se trouvaient à Passy et à la place Wagram étaient enlevés par la foule et transportés à Montmartre et à Belleville. Le Comité central de la Fédération de la garde nationale, uni le 10 mars à l'Internationale, le Conseil Général de la Commune élu le 26, allaient donner à l'insurrection un semblant d'organisation.

Mais je laisse le capitaine d'Orcet nous dire ses impressions sur la situation à ce moment :

« Versailles, samedi 12 avril.

« J'ai voulu t'écrire tous ces jours-ci, chère petite sœur, et n'en ai pas eu le temps, et pourtant je n'ai eu jusqu'à présent absolument rien à faire : cela t'étonne, mais il arrive justement très souvent que l'on n'a jamais aussi peu de temps à soi que lorsqu'on n'a rien de déterminé à faire. Ceci dit, j'ajouterai que je suis au regret de n'avoir pas été vous embrasser, car les officiers sont loin d'être aussi pressés que je le pensais et qu'on le pensait généralement au moment où je suis rentré en

France. Je ne me pardonnerais même pas de n'avoir pas été passer quelques instants auprès de vous, après une aussi longue séparation, si je n'avais, vis-à-vis de mon cœur, pour excuse la nécessité de remettre le plus tôt possible, des lettres importantes dont j'étais chargé pour des membres du gouvernement.

« Dans ce moment-ci, je reste ici par ordre pour attendre l'arrivée de mon régiment qui est en route. Je ne te parlerai pas de la question politique, ce serait trop long ; je réserve ce sujet pour une lettre que j'écrirai ce soir ou demain à mon père. Je te dirai sommairement que la position est grave, très grave même ; nous ne sommes pas en force : nous avons seulement 62.000 hommes, et il nous en faudrait 150.000. Tout ce que l'on fait, dans ce moment-ci, c'est de prendre des dispositions de combat pour le jour où nous serons en nombre. Nous attendons l'armée que Ducrot lève en Bretagne avec les rares prisonniers que nous renvoient les Prussiens.

« J'ai eu, ici, à courir chez quelques personnages influents du moment, et par conséquent beaucoup à attendre. J'ai revu beaucoup

d'amis et surtout J. de Renneville, qui est pour
moi plus que charmant et dont la femme
m'est d'une grande ressource ; j'ai retrouvé
ici les Chevigné, Olivier et Adhéaume ; c'est
de chez eux que je t'écris, et ils me chargent
de tous leurs affectueux hommages pour toi
et de leurs amitiés pour Charles ; je passe
aussi du temps chez le maréchal et chez le
général du Preuil, qui m'occupe un peu dans
ses bureaux [1]. J'ai trouvé avec beaucoup de
peine à me faire faire ici un semblant d'uniforme, le mien était réduit à l'état d'amadou.

« A revoir, chère petite sœur, je t'aime et
embrasse ainsi que Charles en frère tendrement affectionné.

« STA.

« 12, rue des Réservoirs. »

« Versailles, le 13 avril 1871.

« BIEN CHER ET AIMÉ PÈRE,

« J'ai écrit hier une petite lettre à Marie,
par laquelle vous devez savoir que je n'ai pas

---

1. Pendant la campagne de 1870, le général du Preuil commandait la brigade des cuirassiers de la Garde Impériale.

encore d'occupation fixe, car rien n'est changé depuis hier dans ma situation ; et pour les affaires de l'ordre, il n'y a malheureusement rien de changé non plus ; j'attends mon régiment sans savoir au juste quand il arrivera, et l'on attend ici qu'il nous arrive assez de troupes pour attaquer sérieusement l'émeute, sans trop savoir quelle sera l'issue de tout cela : nous n'avons ici que 62.000 hommes et il nous en faut 140.000 ; d'ici à ce que nous les ayons, on s'amuse aux bagatelles de la porte, tout en resserrant un peu l'armée de l'insurrection. — Mon impression personnelle est que cela sent mauvais, et pour vous résumer d'un mot ce que je pense, je vous répéterai ce que j'ai dit il y a deux jours à une table assez nombreuse à un monsieur qui me demandait : « Que croyez-vous de ce qui se passe ? » — « Je crois en Dieu, et dans ce moment-ci il n'y a pas moyen de croire à rien autre chose. » Les motifs de ce découragement, je vais vous les énumérer, ou, pour mieux dire, vous dépeindre sommairement ce qui se passe. Lorsque je suis arrivé ici, j'ai été frappé tout d'abord de ce que je voyais aux portes de

M. LE VICOMTE XAVIER D'ORCET

Père du Général

1803-1892.

l'Assemblée et dans le vestibule de M. Thiers ; nous n'avons en rien changé. C'est la même avidité qu'autrefois, la chasse aux places, c'est une véritable curée, le népotisme marche son train de plus belle, ce sont les mêmes cupidités, c'est la même ambition personnelle, ce sont presque les mêmes hommes, qui s'agitent autour du pouvoir. Si nous regardons plus haut, le spectacle ne vaut guère mieux ; l'Assemblée a au fond un sentiment d'inquiétude, presque de peur, et pourtant, en présence de ce danger social qu'elle ne voit pas, je le crains, aussi grand qu'il est, elle se perd en discussions souvent oiseuses, elle s'agite dans le vide, et se partage en partis qui, eux-mêmes, se fractionnent en coteries ; chacun voudrait trouver, inventer un gouvernement et en avoir les bénéfices d'inventeur. Il y en a certes bien qui sont désintéressés et qui aiment réellement leur pays ; mais, malheureusement, ils sont en minorité ; en résumé, on peut dire en général des hommes qui composent cette Chambre que s'ils ont oublié certaines choses, ils n'ont du moins rien appris. Je crains qu'ils aient oublié l'amour du pays, et qu'ils n'aient

pas appris par tous nos désastres que, devant
le danger, c'est l'union qui fait la plus grande
force. Quant à M. Thiers, il fait juste le contraire de sa maxime politique : Régner sans
gouverner ; il gouverne sans régner et il gouverne absolument. A cela je ne verrais pas de
mal, au contraire, si je ne craignais pas de le
vois embrasser trop de détails, surtout au point
de vue militaire ; c'est lui qui est à peu près
le seul ministre et il veut encore être le seul
général en chef : les jours il fait de la politique, les nuits il fait de la stratégie, et j'ai
peur que ce ne soit un tort de sa part.

« Mais, à mes yeux, ce qui fait notre plus
grand danger ou ce qui est au moins notre
plus grande faiblesse, c'est le manque de drapeau. Quand je dis le manque de drapeau, j'ai
tort ; certes il en pleut, des drapeaux : le comte
de Paris, la République, le duc d'Aumale, le
droit divin, la fusion, etc... C'est le manque
d'unité que je dois dire ; la Chambre oublie
qu'elle n'a pas été élue pour choisir un souverain, mais pour faire la paix, et prendre les
dispositions nécessaires pour payer cette paix
et réparer les désastres de la guerre ; et

M. Thiers n'a pas l'énergie de rappeler l'Assemblée à l'ordre, et la franchise de proclamer fermement la République ; de telle sorte qu'au milieu du conflit des opinions multiples de la Chambre et devant les réticences « du petit exécutif », comme l'on appelle M. Thiers, les soldats de l'ordre ne savent pas au juste sous quel drapeau ils vont combattre ; et cela n'est pas encourageant quand on marche au combat ; et pendant ce temps-là nous avons devant nous des adversaires qui savent ce qu'ils veulent et qui sont organisés fortement, peut-être plus fortement que nous ; si nous n'avons pas eu de défaites, nous avons eu réellement des insuccès, et le temps que nous sommes obligés d'attendre avant d'attaquer est regardé par les Communeux comme un succès qui les excite à la résistance et à la lutte ; cette armée de l'insurrection, vous dis-je, est redoutable, car elle s'est fortifiée d'environ 3o.ooo hommes, de tous les pays, Italiens, Polonais, Hongrois, Anglais et Américains, enfants perdus de la Révolution qui considèrent l'occasion qui leur est offerte comme la plus belle qu'ils puissent jamais avoir et qui sentent que cette lutte peut être pour eux la lutte suprême. Ajoutez à cela environ 22.000 forçats ou repris de justice, qui n'ont rien à perdre et tout à gagner, et vous aurez l'appoint des auxiliaires de la Commune comme soldats ; elle a, de plus, un appui moral très grand, plus grand qu'on n'ose se l'avouer, dans la petite bourgeoisie de Paris qui se sent poussée contre l'Assemblée par des motifs puissants d'orgueil et d'intérêt ; cette bourgeoisie ne peut pardonner au gouvernement d'avoir abandonné Paris comme capitale et le qualifie pour cela de traître ; elle ne peut se faire à l'idée que Paris ne sera plus la tête et le cœur de la France ; voilà pour l'orgueil ; quant à l'intérêt, il est certain d'un côté que l'éloignement du gouvernement diminuera d'une façon notable, au moins dans les commencements, le commerce de la grande ville, et d'un autre côté, le point le plus capital encore est que le petit commerce se trouve en ce moment obéré de 900.000.000 et qu'il n'y a que la Commune qui puisse l'exonérer de cette lourde dette consistant en arriérés de loyers et en petits billets ou lettres de change d'une valeur de 50 à 200 fr. Tout ce monde, composé de gens qui en d'autres temps seraient honnêtes, fait donc des vœux pour la Commune, lui prête même un certain concours, et peut-être même sans doute, se joindra à elle au moment de la grande lutte ; joignez à cela que la Commune possède trois ou quatre fois plus de canons que nous (1200), dont 200 mitrailleuses ou canons de 7, qui sont les meilleurs que nous ayons pour la justesse et la portée, et vous comprendrez qu'on ne peut considérer sans une certaine appréhension l'issue de la lutte, dont la province ne semble pas assez comprendre la gravité, car elle répond bien mollement, même pas du tout, à l'appel que lui a fait le gouvernement. J'ai la ferme conviction que le parti de l'ordre l'emportera, mais cela coûtera cher. Quand on songe que les trois journées de Juin, alors que l'insurrection n'avait ni canons ni mitrailleuses, nous a coûté environ 12.000 hommes et 15 généraux, ma plus grande peur est que nous soyons destinés à une suprême et terrible honte ; que les Prussiens trouvent que nous sommes trop longs à en finir, ne se mêlent de l'affaire et ne mettent la paix chez nous de façon à ce qu'ils puissent prétendre à de la reconnaissance de notre part, après nous avoir ruinés et pillés ; aussi, pour parer à ces tristes éventualités, voudrais-je voir le gouvernement proclamer fermement la République de l'ordre et appeler à l'aide tous les gens de l'ordre, en leur disant : « Commençons par éteindre l'incendie qui menace de nous dévorer, et puis ensuite, si la République ne peut nous convenir, nous ferons notre toilette et nous adopterons la forme que vous choisirez vous-mêmes. »

« Je vous envoie un article d'un journal anglais qui vous montrera l'idée qu'on a en Angleterre de la Prusse et du rôle qu'elle peut être appelée à jouer contre la France.

« J'embrasse tendrement Marie et Charles... Mes compliments à Mlle Levain, mes respectueux hommages à Mme d'Aunay.

« A revoir, bien cher père, je vous aime et embrasse du fond du cœur en fils tendrement affectionné.

« STANISLAS. »

Voici cet article de journal que nous avons

retrouvé dans la correspondance du général :

« Il y avait jusqu'à présent, dit le *Saturday Review*, dans le nom de Paris une puissance magique qui s'emparait de l'Europe et la stimulait. Paris était la tête de la France, et la France, conduite par Paris, marchait à la tête de la démocratie européenne. Les Allemands ont changé tout ceci, ils ont appris à l'Europe à ne voir dans une révolution parisienne qu'un règne insensé d'anarchie dans une grande ville de France. Ils ont ôté ce bandeau de nos yeux. Ils ont appris à l'Europe que la France, sa valeur et l'influence française avaient été grandement exagérées ; ils ont rendu ainsi à l'Europe un service dont l'importance sera chaque jour de plus en plus visible.

« Les Allemands eux-mêmes se sentent doublement préservés de toute révolution pareille à celle de Paris, par les succès qu'ils ont remportés. Une nation ne se révolte jamais contre les chefs qui viennent de vider avec succès une querelle vraiment nationale. Mais le sentiment de contentement causé par de grands triomphes militaires et de gratitude pour ceux qui les ont remportés n'est pas le seul qui domine chez les Allemands. Ils comparent le simple, régulier et fidèle service de leurs soldats avec la suffisance, le désordre, la lâcheté cruelle et l'enthousiasme insensé des insurgés français. Ils ont appris, en en faisant l'expérience sur le corps de la France, ce que la guerre et l'anarchie coûtent à une nation. Et il n'y a pas qu'eux qui aient tiré une leçon profitable du cours de la révolution française ; un instant de réflexion montrera quel immense profit ont retiré des nations comme l'Italie, par exemple, de ce que les Allemands aient localisé la révolution parisienne et permis aux hommes de méditer tranquillement sur ces incidents.

« L'Italie, plus que toutes les autres, devait souffrir de l'infection de la révolution actuelle, être impressionnée par l'auréole dont les imaginations historiques se sont plu à l'entourer et risquer beaucoup pour ne rien gagner. Les Allemands ont indirectement arrangé les choses de telle sorte que l'Italie peut regarder du dehors le spectacle d'une révolution à Paris et tirer une leçon utile de ces scènes dans les-

quelles la tragédie et la farce se coudoient
tour à tour et qui viennent de se passer à
Paris.

« Nous-mêmes, en Angleterre, nous y
avons gagné quelque chose, et les derniers
meetings républicains n'auraient pas eu un
fiasco aussi complet si le public anglais n'a-
vait pas eu la conviction qu'une révolution
dans Paris n'a pas plus d'importance qu'une
révolution à Birmingham, Florence ou
Dresde. »

Et le journal français qui reproduisait les
lignes précédentes ajoutait :

« L'Europe, qui allait nous aider à nous
relever, retire la main qu'elle nous tendait
et, tremblant pour elle-même, pousse les
Prussiens à intervenir et à apaiser par la force
ces troubles qu'elle croit le gouvernement
français incapable de réprimer. »

M. Thiers, chef du pouvoir exécutif, avait
clairement vu le péril, il le signalait à l'Assemblée, et le vieux marquis de Vogüé, en se
présentant au Ministère des affaires étrangères,
sortait son écharpe de député de 1848 en disant : « Je sais comment cela se passe. On se

met cela autour du corps et on se fait tuer sur une barricade[1]. »

Déjà le 18 mars, M. Thiers avait tenté de faire enlever les canons pris par les insurgés, mais les attelages avaient manqué ; les troupes, entourées, débordées, pactisaient avec l'émeute, et les généraux Lecomte et Clément Thomas, arrêtés à Montmartre, y étaient assassinés.

Ce qui manquait pour maîtriser l'insurrection, c'étaient les troupes ; elles se trouvaient réduites à 25 ou 30.000 hommes de l'ancienne armée, « troupes jeunes et inexpérimentées ».

Après la collision de Montmartre, on les faisait retraiter sur Versailles, laissant les insurgés maîtres de la Ville tout entière et des forts du Sud et de l'Ouest, à l'exception du Mont-Valérien occupé le 19 mars par les troupes régulières[2]. Il fallait cependant organiser la répression, puisqu'aucune tentative de conciliation n'avait pu et ne pouvait aboutir. On créait une armée avec ce qui existait de

---

1. Hanotaux, *Histoire de la France contemporaine.*

2. On peut consulter à ce sujet le livre très intéressant de M. Quentin-Bauchart intitulé : *Impressions et souvenirs. Les événements de 1870-71.*

troupes et en équipant les prisonniers rentrés d'Allemagne. Le maréchal de Mac-Mahon en était nommé commandant en chef.

L'armée de Versailles fut ainsi répartie :

Le 1ᵉʳ corps, Ladmirault, était à Courbevoie et au pont de Neuilly[1].

Le 4ᵉ corps, général Douay, au Point-du-Jour.

Le 2ᵉ, de Cissey, sur la rive gauche, devant les forts d'Issy et de Vanves.

Clinchant était à Satory.

Vinoy, avec l'ancienne armée, en réserve.

Du côté des insurgés, Cluseret, délégué à la guerre, avait divisé les forces chargées de la défense extérieure en deux commandements : le premier, s'étendant de Saint-Ouen au Point-du-Jour avec la Muette pour quartier général, fut confié à Dombrowski ; le général Wroblewski reçut le second allant du Point-du-Jour à Bercy, avec Gentilly pour quartier général ; plus tard même, un troisième commandement fut créé et donné au général La Cecilia[2].

---

1. C'est dans l'état-major de ce corps d'armée que le capitaine d'Orcet avait été placé.

2. Général Bourelly : *Le ministère de la guerre sous la Commune.*

Le plan d'opérations pour l'armée de Versailles, élaboré par M. Thiers lui-même, consistait à faire tomber la défense extérieure, puis, une fois les troupes entrées dans Paris, à pratiquer l'enveloppement des insurgés. Deux corps d'armée progresseraient par les quartiers du centre de Paris, les deux autres à l'aile droite et à l'aile gauche devaient longer les remparts et par ce mouvement tournant attaquer les troupes fédérées sur leurs flancs et sur leurs derrières. Cette tactique n'était autre que celle employée par les généraux allemands contre nos propres troupes dans les batailles de 1870.

Le 3 avril, les insurgés tentèrent une sortie en masse sur Versailles, qui l'on devait attaquer par le nord et par le sud. L'attaque du nord, commandée par Bergeret et Flourens, se prononçait par Courbevoie et Asnières sur Rueil et Bougival. Celle du sud, dirigée par Eudes et Duval, par Châtillon et Meudon.

L'une et l'autre échouèrent, arrêtées net par les obus du Mont-Valérien et des batteries de Meudon et de Saint-Cloud. Flourens était tué, Duval pris et fusillé. L'armée de Versailles s’avançait alors jusqu’à Courbevoie. M. Thiers, la lorgnette à la main, suivait la marche des troupes. Je laisse le capitaine d’Orcet nous raconter les opérations de ce second siège.

« Versailles, 23 avril 1871.

« Je suis placé, ma chère amie, depuis deux jours, dans l’état-major de Ducrot, et j’en suis fort aise, car je l’aime beaucoup et on est sûr avec lui de se trouver toujours aux bons endroits, et puis je suis là, pour ainsi dire, de la famille : il y a Chabannes, mon bon ami le général Bouillé et tous les autres sont de mes meilleurs amis.

« Les troupes arrivent successivement de Cherbourg, de sorte qu’il y a beaucoup à faire, soit pour établir les bivouacs soit au bureau, pour écrire tous les ordres et demander tout ce dont on a besoin. Qu’allons-nous faire ? Je n’en sais rien ; mais ce qu’il y a de certain, c’est que nous allons promptement marcher et pour sûr, vigoureusement.

« L’idée de mettre la main à la pâte me distrait un peu de mes sombres prévisions dont j'ai fait longuement part à mon père dans une lettre qu'il t'aura, je pense, communiquée ; mais je dois te dire qu'elles ne se sont pas beaucoup modifiées et, qu'au fond, je ne sais comment nous sortirons du gouffre où nous sommes tombés. J'ai toujours dit que les Prussiens étaient satisfaits de ce qui se passait et nous préparaient un tour de leur façon ; on m'a ici beaucoup traité de visionnaire, et maintenant il y a quelques gens avisés qui commencent à penser comme moi. Si je ne regardais pas comme un devoir de rester au poste, je demanderais à aller en Afrique, afin de faire comme les autruches, de cacher ma tête sous le sable et de ne pas voir toutes les tuiles qui vont nous tomber, je le crains, sur la tête.

« Je t'embrasse, etc...

« STA. »

« Versailles, 24 avril 1871.

« CHÈRE PETITE SŒUR,

. . . .

« Dans ma dernière lettre je t'annonçais que j'étais placé auprès du général Ducrot ;

depuis ma lettre, ce brave général a été obligé de se retirer devant une situation impossible que lui créait M. Thiers, qui lui en voulait depuis le 18 mars et non par un motif de vanité puérile et tout à fait indigne de son caractère, comme l'ont prétendu quelques journaux; dans une lettre que j'écrirai demain à mon père, je lui expliquerai les choses que je ne fais que t'indiquer sommairement aujourd'hui, n'ayant pas le temps d'entrer dans de plus longs détails. J'étais donc à pied, et voilà qu'aujourd'hui je suis remonté sur un nouveau cheval, pour ainsi dire, sans chercher; c'est le général Abbatucci, une connaissance de Sedan et de la captivité, qui venait de prendre un commandement et m'a offert de me prendre avec lui, ce que je ne pouvais lui refuser puisque ses troupes sont devant Neuilly et Asnières[1].

« Je pars demain matin et je te prie en conséquence de m'adresser désormais ainsi que mon père, tes lettres à l'adresse suivante :

Etat-major 1er Corps d'armée, 1re Don, 1re Brigade
Offr d'ordonnance du Gnl Abbatucci.

1. A Sedan le général Abbatucci commandait la 1re brigade de la 3e division du 5e corps.

« Je n'ai pas besoin de te demander de prier pour moi ; j'ai le cœur plein de funestes pressentiments, non pour ma personne, mais pour notre pauvre pays ; plus nous allons, plus je vois les événements prendre une tournure que j'avais fait pressentir à mon père dans ma longue lettre du 15 ou 16 courant.

. . . .

« Je tâcherai d'écrire tous les jours, une lettre, soit à toi, soit à mon père, quand je serai au feu ; mais il ne faudra pas pourtant vous inquiéter d'une intermittence dans ma correspondance, car il y a des instants où la journée entière se passe en escarmouches, auquel cas je n'aurai pas le temps de vous écrire. En tous cas nous ne serons pas engagés avant vendredi.

« Sur ce, chère belle, je t'embrasse, ainsi que le bon Charles, du fond du cœur en frère tendrement affectionné.

« STANISLAS.

« J'ai le petit cœur que tu m'as envoyé et que j'ai reçu à Stettin, j'ai confiance, ainsi que dans la médaille de mon amie Aglaé. Je t'embrasse encore. »

« Asnières, 2 mai 1871.

(Lettre écrite le matin)

« Nous sommes venus, chère petite sœur,
nous installer ici hier pour la première fois,
passant ainsi en première ligne ; je ne t'écrirai
que deux mots pour la raison que je n'ai que
peu d'instants à moi et que le vaguemestre
me presse à cause de l'heure de la poste. A
peine arrivés ici, nous avons été salués par
une pluie assez serrée d'obus : aux premiers
qui sont tombés à côté de moi, j'ai eu le
cœur un peu serré, et puis j'ai repris l'habitude de cette musique, qui n'a pour ainsi
dire pas cessé de la journée ; pour peu que
cela continue, ce pauvre Asnières ne sera plus
qu'un monceau de ruines. On s'endort au
bruit du canon, et on se réveille de même.

« Nous sommes ici jusqu'à vendredi matin,
après quoi, nous repasserons en seconde
ligne pour nous reposer, ce qui est assez
utile, car le combat est, pour ainsi dire, con-
tinuel et l'on ne dort que fort peu et tout
habillé ; je tâcherai de vous écrire soit à mon
père, soit à toi, tous les jours.

16

« Mes plus respectueux hommages à M. du Verne ; j'embrasse tendrement mes neveux.

« J'écrirai à mon père (il est 6 heures du matin) ; en attendant, dis-lui que je l'embrasse du fond du cœur.

« Comme nouvelles de guerre, je te dirai seulement que nous ne sommes pas assez nombreux, tant s'en faut, qu'heureusement nos troupes sont excellentes, et que nous avons l'espérance d'entrer dans Paris dans un mois et demi ou deux mois.

« Sur ce, chère belle, je t'aime et embrasse.

« Stanislas. »

« Asnières, 2 mai 1871.

« Bien cher et aimé père,

« Vous devez déjà savoir, par une lettre que j'ai écrite ce matin à Marie, que je suis actuellement à Asnières jusqu'à vendredi prochain. Notre brigade occupe donc l'extrême gauche de l'armée, et c'est le côté par lequel nous pouvons être attaqués si l'ennemi tente un mouvement tournant, car il n'a chance

que de ce côté, où nous sommes le moins en
forces. Divers motifs me font supposer que
nous serons attaqués cette nuit, aussi avant
de me coucher je veux vous écrire cette petite
lettre, comme je l'ai toujours fait la veille
d'une bataille, éprouvant à ces moments
solennels le besoin de vous dire et de vous
répéter combien je vous aime tous de toute
mon âme, vous, Marie et Charles, l'oncle Hercule, ma tante et mon oncle de Poterat, etc.

« Rassurez-vous sur mon compte : je fais
tous les jours une bonne prière, et j'espère
être en assez bon état, au point de vue de la
conscience. Je dis tous les soirs, avant de
m'endormir, une, deux ou trois dizaines de
chapelet. Je remercie beaucoup le curé d'Orcet des prières qu'il fait tous les jours pour
moi et j'y ai la plus grande confiance ainsi
que dans les vôtres.

« De ce qui se passe ici, je ne vous dirai
pas grand chose, sinon que la canonnade est
très fréquente le jour et la nuit, ainsi que la
fusillade, et il y a certains passages qui sont
assez malsains. Pour mon avancement je n'**y**
pense guère, et je crois qu'il n'y faut pas

beaucoup compter ; ici il ne faut songer qu'au devoir et n'espérer que la récompense que l'on trouve dans l'accomplissement de ce devoir.

« Adieu, bien cher père, je vais dormir un instant et vous souhaite le bonsoir. Quand vous le souhaiterai-je installé tranquillement au milieu de vous?

« En attendant, je vous embrasse.

« STA. »

« Asnières, 2 mai 1871.

« CHÈRE MIGNONNE,

« Deux mots en courant, car je crois que nous allons nous battre sérieusement. Je viens donc avant te dire combien je t'aime, ainsi que Charles et tes enfants, et toute la part que je prends au nouveau deuil qui vient de vous frapper[1]. Je ne pense pas, du reste, que vous en doutiez ; car vous aimant comme je le fais, rien de ce qui vous arrive ne saurait m'être

1. La mort de M. du Verne, beau-père de la sœur du capitaine d'Orcet.

étranger ; et de plus, dans cette douloureuse circonstance, je suis péniblement affecté moi-même, car je sais combien M. du Verne avait d'affection pour moi, et comment il me considérait comme un enfant de la maison.....

« Il est 10 heures du soir, j'attends l'attaque pour minuit ou 1 heure. Je vais dormir en attendant, et vous dis donc à tous les deux bonsoir en vous embrassant.....

« STA. »

« Asnières, 3 mai 1871.

« BIEN CHER ET AIMÉ PÈRE,

« Deux mots pour vous dire que mes prévisions ne se sont pas réalisées hier et qu'il n'y a rien eu ; peut-être ce sera-t-il pour cette nuit ; la journée a été fatigante ; toute la journée sur pied sous une véritable pluie d'obus ; les insurgés, aujourd'hui, ont fait rage et ont tiré sur nous de toutes leurs batteries ; enfin maintenant ils se taisent un peu ; il est 10 heures du soir, et je profite de ce répit pour vous écrire deux mots et vous souhaiter le bonsoir avant de m'endormir, ce qui ne tardera guère, je l'espère, car je tombe littéralement de fatigue.

« J'ai écrit hier deux mots à Marie à propos de la mort de ce pauvre M. du Verne, et j'écrirai demain matin à Charles, si ces messieurs de la Commune m'en laissent le loisir. Vendredi matin nous irons nous reposer à Villeneuve-l'Etang, d'où nous entendrons le canon de loin, car nous serons relevés de tranchée pour 4 jours.

« Sur ce, cher père, je vous aime et embrasse.....

« STA. »

« La Malmaison, 12 mai 1871,
10 heures du soir.

« BIEN CHER ET AIMÉ PÈRE,

« Deux mots en courant, pardonnez-moi et Marie aussi de ne pas vous avoir écrit, mais le temps du repos pour les hommes n'est pas pour nous un temps de loisir, au contraire, ordres à porter, reconnaissances à faire, etc.....

Je comptais sur la tranchée pour vous écrire demain à tous, voilà que nous recevons contre-ordre, nous tentons une surprise de nuit et nous partons, dans une heure, pour la porte de Passy. Si nous réussisons, ce sera superbe et vous le saurez avant de recevoir cette lettre ; quoi qu'il en soit, j'éprouve le besoin, avant de partir pour le feu, de vous embrasser de loin et de vous dire combien je vous aime tous.

« Sur ce, je vous embrasse.

« STA.

« J'écrirai toujours deux mots demain. »

Le 10 mai, les troupes de Versailles enlevèrent le fort d'Issy, le jour même où, à Francfort, M. de Bismarck signait précipitamment le traité définitif de paix, de crainte que le gouvernement français, devenu maître de la Commune, ne refusât les dures conditions imposées par sa cruelle diplomatie.

Le dimanche 21 mai, les Versaillais entraient dans Paris par la porte de Saint-Cloud, laissée sans défense[1]. Le général Douay s'avançait par Auteuil et Passy jusqu'au Trocadéro, et les armées de l'ordre occupaient Paris jusqu'au palais de l'Industrie, le Champ-de-Mars, Vaugirard, le Palais-Bourbon, la gare Montparnasse, la gare Saint-Lazare et la place Clichy.

C'est la guerre de rues qui allait commencer, la guerre des barricades dont 5oo environ avaient été édifiées dans l'intérieur de Paris[2].

Les troupes avec lesquelles marchait le capitaine d'Orcet eurent la part la plus rude des opérations, car il leur fallut enlever les quartiers de Paris où s'étaient concentrées et organisées les résistances les plus énergiques : Montmartre, Belleville, les Buttes-Chaumont.

« Paris, 24 mai 1871.

(Billet écrit au crayon).

« BIEN CHER ET AIMÉ PÈRE,

« Nous voici au troisième jour de notre

---

1. Consulter à ce sujet le récit de M. Ludovic Halevy dans son livre : *Notes et souvenirs,* ainsi que *Les Convulsions de Paris* par Maxime du Camp.

2. Une commission spéciale avait été nommée pour la construction des barricades. Gaillard, le père, en était le directeur.

marche dans Paris, je vais bien, mais suis bien éreinté ; voici 4 nuits sans pour ainsi dire dormir ; hier la journée a été des plus dures, il fallait enlever à la baïonnette des barricades avec canons et mitrailleuses ; aujourd'hui c'est moins dur, mais vous devez comprendre que je n'ai pas le temps de vous en écrire plus long et que je me borne à vous dire que je vous aime du fond du cœur en fils tendrement affectionné.

« STANISLAS.

« Ils ont incendié et fait sauter les Tuileries, les Ministères, la Bibliothèque de Sainte-Geneviève, les Invalides, etc[1]...

« Ce soir nous occupons la gare du Nord. »

« Paris, 26 mai 1871,
Gare du Nord.

« BIEN CHER ET AIMÉ PÈRE,

« Nous sommes encore à la gare, à nous

1. Les incendies commencèrent le 22 mai par celui de la Cour des Comptes et des hôtels particuliers de la rue de Lille ; ils se continuèrent le lendemain 23 par celui du Palais des Tuileries.

reposer de nos fatigues passées ; nous partirons sans doute ce soir ou cette nuit pour achever d'enlever lee Buttes-Chaumont : ici la position est assez bonne et nous ne recevons que quelques éclats d'obus à de rares intervalles ou quelques balles perdues ; la preuve est qu'en 36 heures nous n'avons eu que 5 tués et 7 ou 8 blessés. Il faut joindre à cela deux factionnaires assassinés à bout portant par une femme la nuit. Cette misérable était enceinte de 7 mois et s'imaginait que cela lui sauverait la vie, aussi nous a-t-elle dit avec cynisme : « Je n'en ai pas tué deux, j'en ai tué trois. » Sûr ce elle a été instantanément passée par les armes, et ce n'est pas la seule. Nous fouillons toutes les maisons, et tous les hommes pris en uniforme ou avec des armes sont arrêtés et jugés par des cours martiales ; tous les déserteurs sont fusillés immédiatement, il en est de même pour les membres de la Commune. Le baron Coppens est arrêté par notre division ; je ne donnerais pas cher de sa peau : tout cela est horrible ; mais quelle pitié avoir pour ces monstres qui ont fait de Paris un immense bûcher après avoir assassiné l'évêque de Paris, le curé de la Madeleine, de Saint-Eustache, etc…[1], qui ont chassé de partout les religieuses et ont installé à leur place des filles de Saint-Lazare en les chargeant d'instruire les petites filles ; c'est bien une guerre à mort, comme nous l'avait dit ce pauvre Ribère ; du reste, la Providence s'est chargée de les châtier en certains cas : ainsi ceux qui ont allumé l'incendie de l'Hôtel de Ville se sont trompés et se sont trouvés enfermés par l'incendie qu'ils avaient allumé ; près de 1200 se sont réfugiés dans les caves ; là ils hurlaient et criaient grâce ; tous ceux qui se présentaient aux soupiraux sont tués à coups de fusils ; ils doivent mourir par leurs propres mains sous les débris de l'Hôtel.

« Il est probable que dans deux jours tout sera fini, et nous serons maîtres des ruines de Paris. On tremble pour Notre-Dame, qu'ils ont essayé de faire sauter ; les prophéties s'accomplissent : à chaque instant le feu s'allume sur un nouveau point, la nuit des femmes portant

---

1. Mgr Darboy, archevêque de Paris, M. l'abbé Deguerry, curé de la Madeleine, avaient été arrêtés le 4 avril, emprisonnés comme otages et fusillés à la Roquette le 24 mai en même temps que le président Bonjean et trois Pères Jésuites. Deux jours après, le 26 mai, avait lieu l'affreuse boucherie de la rue Haxo où furent massacrés 52 autres otages.

des pots à lait remplis de pétrole s'approchent des soupiraux des maisons, versent de l'huile et l'allument ; il est inutile de vous dire qu'on passe à la baïonnette, sans procès, toutes celles qu'on trouve dans cet équipage.

« Je vous embrasse tendrement tous. J'espère que cette terrible guerre sera vite terminée, et alors je viendrai un peu me reposer auprès de vous de toutes mes fatigues de corps et d'esprit.

« A revoir.....

« STANISLAS. »

« Paris, 26 mai 1871,
Gare du Nord.

« Deux mots en courant, chère amie, pour te dire que je t'embrasse ainsi que Charles de tout cœur et que je pense bien à vous au milieu de toutes les horreurs de cette guerre. Je vais bien malgré les fatigues que nous avons endurées, mais cette guerre de rue finit quelquefois par m'énerver complètement. Je n'ai pas le temps d'entrer dans les détails, je te dirai simplement que c'est affreux ! nous avons à combattre de véritables bêtes féroces et nous agissons en conséquence.

« A bientôt, je l'espère, et en attendant.....

« STANISLAS. »

« Paris, 27 mai 1871.
Porte de Pantin, rue de Flandre.
(*Billet écrit au crayon*)

« BIEN CHER ET AIMÉ PÈRE,

« Deux mots en courant, pour vous dire que je vais bien ; la journée a été chaude, mais bonne ; il est probable que ce soir nous couronnerons les hauteurs de Saint-Fargeau qui dominent les Buttes-Chaumont ; peut-être ce sera-t-il fini demain......

Il y avait une petite suspension d'hostilités, le feu recommence. Je vous quitte, n'ayant plus que le temps de vous embrasser tous.

« STANISLAS. »

« Paris, 2 juin 1871.

« BIEN CHER ET AIMÉ PÈRE,

« D'ici à deux ou trois jours je serai un peu

plus libre de mon temps et je pourrai alors vous écrire un peu longuement, aujourd'hui je n'ai que le temps de vous embrasser..... Je vous envoie quelques journaux et papiers qui sont assez curieux à conserver, je les ai ramassées sur les murs ou dans les bureaux de la mairie de Belleville. Il y a aussi un plan de barricade, puis quelques journaux plus récents et même un d'aujourd'hui[1].

« Sur ce, cher père.....

« STANISLAS. »

« Paris, 5 juin 1871.

« BIEN CHER PÈRE,

« Je ne puis guère quitter mon quartier, mais je me suis échappé hier pour aller jusque chez de Dyanne (d'ici c'est un véritable voyage). Sa maison n'a reçu qu'un obus qui n'a causé aucun dégât, et son appartement ainsi que son mobilier sont intacts. Je vous prie de vouloir bien vous charger de mes

---

1. Nous n'avons pas retrouvé ces papiers dans la correspondance du général.

commissions pour lui, ainsi que pour Mme d'Aunay et Mme de Dyanne.

. . . .

« Paris se tranquillise de plus en plus, mais, chose bizarre, je ne puis croire que tout soit fini. Je crains que ce ne soit qu'une accalmie. ». . . . .

L'atroce lutte était cependant terminée et la répression complète, mais au prix de quelles ruines ! Après une lutte furieuse à Belleville et l'enlèvement du Père-Lachaise, les deux ailes de l'armée de Versailles venaient de se réunir rue Haxo, et le dimanche 28 mai à midi le maréchal de Mac-Mahon avait fait afficher la proclamation suivante :

« Habitants de Paris !

« L'armée de France est venue vous sauver, Paris est délivré, nos soldats ont enlevé à 4 heures les dernières positions occupées par les insurgés. Aujourd'hui, la lutte est terminée, l'ordre est rétabli, le travail et la sécurité vont renaître [1]. »

1. *Histoire de la France contemporaine*, par Hanotaux.

A la même époque le général Abbatucci écrivait à M. le vicomte d'Orcet :

« Paris, 5 juin 1871.

« Monsieur le Comte,

« Je suis très heureux de pouvoir vous rassurer sur le compte de M. votre fils. Il jouit et n'a cessé de jouir d'une parfaite santé.....

« Je saisis cette occasion, Monsieur le Comte, pour vous dire que j'ai été très satisfait de M. votre fils pendant toutes les opérations qui ont eu lieu autour de Paris et dans Paris, j'ai eu la satisfaction de faire connaître à nos chefs la belle conduite de M. le capitaine d'Orcet, et il ne dépendra pas de moi qu'il n'obtienne la légitime récompense due à sa belle conduite.

« Gal Abbatucci. »

En même temps le capitaine d'Orcet était l'objet de la citation à l'ordre du jour du 1er corps d'armée qui figure à ses états de service[1].

1. Voir Etats de service du général d'Orcet, p. 18.

DEUXIÈME PARTIE

ALGÉRIE ET TUNISIE

ALGÉRIE ET TUNISIE

Au moment où le lieutenant-colonel d'Orcet partit de France pour aller rejoindre à Mascara le 4° chasseurs d'Afrique, son nouveau régiment (octobre 1881), les affaires étaient assez embrouillées en Algérie et en Tunisie.

En juillet, dans le sud de la province d'Oran, les Ouled-Sidi Cheik s'étaient soulevés à l'instigation de Bou Amama et leur insurrection avait nécessité l'envoi d'une forte colonne, commandée par le colonel de Négrier qui avait occupé et détruit la Kasba de la tribu révoltée. D'autres colonnes étaient en partance.

En Tunisie l'on était en pleine expédition militaire. Le début des opérations commencées au mois d'avril sous la direction du général Formegol s'était exécuté sans grandes difficultés. Après avoir châtié les Kroumirs, nos troupes étaient arrivées le 12 mai à la Manouba et le même jour en présence du général Bréart et de M. Roustan, notre agent consulaire, le bey signait, au palais du Bardo, le traité qui instituait le protectorat de la France sur la régence de Tunis.

Cette première partie de l'expédition s'était effectuée comme l'avait prévu le colonel d'Orcet lorsqu'il écrivait pendant sa maladie au commencement de 1881 :

« Si l'Italie ne s'en mêle pas et je ne pense pas qu'elle ose le faire, cette affaire sera peu de chose ; la répression de six mille pillards. »

Nous avions eu dans cette entreprise l'appui de presque toutes les puissances européennes. L'Italie seule avait vu d'un mauvais œil l'entrée de nos troupes dans la régence de Tunis. Malgré tout elle n'intervint pas et la signature du traité du Bardo avait marqué, semblait-il, la fin de la campagne militaire.

Mais le gouvernement s'était un peu trop

pressé, par la suite, de retirer la plus grande partie de ses troupes d'occupation. Bientôt, au mois de juillet, une effervescence activée par les prédications des marabouts se manifestait dans le pays tout entier.

« Le bey, par un télégramme adressé au sultan, protestait contre le traité du Bardo[1]. » La situation devenait dangereuse. La ville sainte de Kairouan était le centre de la résistance. On dut envoyer en Tunisie des renforts de troupes et recommencer les opérations. Les choses en étaient là lorsque le lieutenant-colonel d'Orcet s'embarqua pour l'Afrique le 6 octobre 1881 :

« Mascara, 12 octobre 1881.

« Bien cher et aimé père,

« Je suis arrivé ici avant-hier soir par une pluie torrentielle, phénomène que l'on n'avait pas observé depuis onze mois ; les rivières roulaient donc avec grand fracas leurs eaux rougeâtres et le temps s'était sensiblement

1. *Histoire de la France contemporaine*, Hanotaux.

refroidi, tellement que j'étais boutonné jusqu'au cou dans mon paletot, et que j'avais fermé toutes les glaces du coupé de la diligence qui m'a amené, à 7 h. du soir, dans la capitale de l'illustre émir Abd-el-Kader; j'étais en route depuis 5 h. 1/2 du matin, escorté par un violent orage qui n'a pour ainsi dire pas cessé jusqu'au bas de la montagne de Mascara. Je suis arrivé sans fatigue, au demeurant, et j'ai été reçu à ma descente de voiture par le colonel, accompagné de tous les officiers présents dans la ville ; l'accueil a été des plus empressés et des plus affectueux de la part de tous ; il en est, du reste, généralement ainsi lorsqu'on est éloigné de son pays, et d'ailleurs la vie en campagne forme en quelques minutes des liens d'étroite camaraderie.

« Je ne suis pas pour longtemps ici, je dois m'attendre à partir au premier jour. Le général Delbecque, qui m'a très aimablement accueilli à Oran, m'a dit qu'il allait me laisser quelques jours de repos, mais qu'il m'occuperait bientôt d'une manière ou de l'autre, qu'il avait l'intention de me donner le com-

mandement d'un territoire dans les montagnes. Je vais du reste partir pour ces régions,
mais pour quelques jours, en simple excursion, le général m'ayant donné rendez-vous au
Kreider pour le 15, afin d'assister au départ de
la grosse colonne du Sud. La situation ici est
moins dangereuse qu'on ne se le figure en
France ; il y a eu des déprédations commises,
mais en général l'effroi a été beaucoup plus
grand que le mal et il est vraisemblable que
le général Delbecque ne rencontrera personne ;
les tribus dissidentes se retirent devant lui, et
se jettent dans le Maroc, qui ne nous permet
pas de les poursuivre à Figuig, mais qui a
renouvelé ses protestations d'intentions paci-
fiques à notre égard ; si les Marocains se
déclaraient contre nous, la situation serait
plus grave, mais cela n'est à craindre que si
nous échouons à Kairouan ; de ce côté les
choses sont fort graves, il n'y a pas à se le
dissimuler, nous nous sommes mis là dans un
vilain guêpier.

« Il fait un temps superbe, 32° de 9 h. du
matin à 4 h., puis la température s'abaisse
rapidement jusqu'à 15° vers 9 h. du soir. Je

vous écrirai si je le peux avant de partir pour le Kreider, mais à coup sûr à mon retour.

« Sur ce, très cher père...

« STA.

« Mon adresse est : Mascara, province d'O-ran, Algérie. »

Le lieutenant-colonel d'Orcet resta peu en Algérie ; en effet, dès le mois de juin 1882, il fut envoyé en Tunisie avec un détachement de son régiment.

La régence était alors à peu près complètement pacifiée. La campagne reprise au mois de juillet 1881 avait abouti à l'occupation de Sfax, de Gabès et de Gafsa, et Kairouan avait ouvert ses portes au général Saussier.

Restait à organiser le protectorat. C'est à cette tâche que contribua le lieutenant-colonel d'Orcet dans les différents postes qu'il occupa en Tunisie.

Voici quelques-unes des lettres qu'il écrivit au moment de son envoi dans la régence et pendant le séjour de deux années qu'il y fit :

A M. le vicomte d'Orcet :

« Mascara, 4 juin 1882.

« Je repars pour le Sud et vais chercher des escadrons qui sont à Ain-ben-Khelil et que je vais emmener en Tunisie ; je serai de retour le 25 et repartirai le 1ᵉʳ juillet pour la Manouba, c'est là que sera le dépôt de mon régiment ; mais, moi, où irai-je ? Nous aurons un détachement à Gabès et un au Kef, quel est celui que je commanderai ? *Quien sabe ?* Le Kef est à 250 kilom. au sud de Tunis. Gabès est un port situé sur la ligne tirée des îles Ioniennes à la côte d'Afrique en passant par la pointe Est de Malte. Les événements ici sont loin d'être finis, ils sont à peine commencés ; nous aurons d'ici peu toutes les nations musulmanes sur les bras, du Caire à Tanger, les prophéties arabes l'annoncent.

« Adieu..... »

Alger, 4 juillet 1882.

« Bien cher et aimé père,

« En arrivant à Alger, je trouve votre bonne

et affectueuse lettre, et elle m'a vivement touché. Aussi, je ne veux pas quitter la côte algérienne sans vous répondre quelques mots de tendresse et vous donner des renseignements. Je suis arrivé hier matin par un soleil comme il n'en fait que dans ces pays, et depuis quatre heures du matin, depuis Affreville jusqu'à Alger, cela a été une fête permanente pour nos yeux, que d'admirer cette végétation luxuriante de la Mitidja. Je m'enivrais de verdure et d'ombrages, moi qui avais cheminé des lieues, et des lieues sans voir autre chose que du sable tacheté, çà et là, par des touffes de thym, ou des chotts blanchâtres, ou la mer verdâtre et jaunâtre d'alfa ; mais, en arrivant à Alger, cela a été un ravissement : à gauche, des collines accidentées et couvertes d'ombrages plus beaux que ceux de Ville-d'Avray, à droite, la mer bleue comme on ne peut s'imaginer lorsqu'on ne l'a pas vue. Au fond, Alger, blanche comme du lait, s'étageant en regardant le soleil levant sur ses multiples collines, Sainte-Eugénie, la Kasbah, Mustapha, l'Agha, etc. Vous ne pouvez pas vous figurer, vous qui n'avez pas passé par là, quelle fête c'est pour les yeux que de voir de l'eau, des arbres, de la verdure, des palais pour qui n'a vu depuis longtemps que du sable, de l'alfa, des jujubiers, des cactus et aloës, des tentes et des gourbis. Dans mon détachement, j'avais un escadron qui, depuis 14 mois, vivait dans les dunes de l'Extrême-Sud ; les hommes criaient de joie, étaient comme enivrés, et je crois que les chevaux prenaient part à l'allégresse générale, ils hennissaient joyeusement en aspirant les fraîches émanations des herbages et de la mer, et à la descente du train, celui des miens que je montais bondissait comme un fou, malgré ces 14 heures de chemin de fer, où ils avaient été empilés 10 par wagon.

« Nous embarquons demain à 5 heures du matin, ce sera long et nous lèverons l'ancre entre une heure et cinq heures de l'après-midi, nous partons pour la Goulette et la Manouba, et vous recevrez, j'aime à le croire, une dépêche d'arrivée avant cette lettre : 40 heures, car l'Européen est un marcheur de premier ordre.

« Une bonne nouvelle : si nous n'allons pas

en Egypte[1], je suis désigné pour suivre les manœuvres d'automne en Europe, ce qui me permettra de vous embrasser vers la fin d'août.

« Excusez mon griffonnage, j'écris à la hâte, car je suis littéralement écrasé de fatigue et d'occupations, et j'ai été interrompu par plusieurs visites, entre autres celle du gouverneur.

« Adieu..... »

« La Manouba, 3 août.

« BIEN CHER ET AIMÉ PÈRE,

« C'est avec une profonde douleur que j'ai

1. Il était, en effet, question à cette époque d'une intervention franco-anglaise en Egypte, où se manifestait, depuis 1881, un mouvement nationaliste. Le nouveau ministère du Khédive Tewfick-Pacha, dirigé par le colonel Arabi, gouvernait sans consulter les contrôleurs institués par le condominium anglo-français de 1876. De plus, le 11 juin 1882, avait éclaté à Alexandrie une émeute où plusieurs Européens avaient péri. L'Angleterre était décidée à une action commune, mais le ministère Freycinet, peu soutenu par l'opinion publique, hésitait d'abord, puis refusait le concours de notre escadre. D'ailleurs, en juillet, la Chambre allait refuser les crédits nécessaires à l'envoi de nos troupes en Egypte, laissant ainsi l'Angleterre intervenir seule. C'était la fin du condominium et le prélude de l'action anglaise en Egypte, consacrée récemment par l'accord de 1904.

appris la mort de ce pauvre Aurèle, pour
lequel j'avais une vive affection... [1] Je ferai
dire une messe de *Requiem* pour lui à la chapelle Saint-Louis et j'en ferai dire une deuxième
de bénédictions pour vous et le Veuillin. C'est
un coup d'œil poétique et frappant à la fois,
que cette chapelle élevée au Dieu des chrétiens sur un rocher de la côte barbaresque,
presque à la place où s'élevait le temple d'Es-
culape ; c'est au pied de ce rocher qu'est mort
le saint roi et il peut, de là, regarder la France,
au travers de la mer, et lui envoyer, de loin,
ses bénédictions dont elle a grand besoin. J'ai
pensé que l'âme royaliste de ce bon Aurèle
serait heureuse des prières faites aux pieds du
patron des rois de France.

« Je représenterai aux manœuvres de
France la cavalerie de Tunisie. J'ai en outre
une mission spéciale de l'inspecteur général
permanent de la cavalerie d'Algérie qui m'a
choisi et désigné en dehors de toute influence.

« Vous me demandez de vous donner des
détails sur le pays. Je n'ai pas le temps de vous

1. M. de la Villarmois, parent du Lieutenant-Colonel d'Orcet
par sa femme qui était une de Miramon.

en envoyer beaucoup : la Manouba, ce qui veut dire : lieu de plaisir, est située à 9 kilom. ouest de Tunis, dans une vallée sans cours d'eau qui, partant des montagnes du bassin de la Medjerda, vient s'épanouir dans une Sebka (lac salé) située au sud-est de Tunis. Les flancs de la vallée sont des ondulations de terrain absolument nues au sud et couvertes d'oliviers rabougris au nord ; la vallée court de l'Ouest à l'Est ; dans cette vallée se trouve une oasis de 6 kilom. de longueur sur 500 mètres de largeur, c'est la Manouba. Cette oasis est composée de jardins immenses d'orangers, dont les allées droites sont bordées de grands cyprès. Cette disposition est à peu près uniforme ; au milieu des jardins s'élèvent des palais et des villas appartenant presque toutes au bey et dont il donne la jouissance à ses ministres, généraux et favoris : ces palais se composent de cubes juxtaposés et superposés, mais en général il n'y a que la moitié des palais qui ait plus d'un étage ; tout cela bâti à l'italienne, sans toit. Nous, nous habitons le palais Kérédine, mais que votre imagination ne s'emporte pas : ici, comme partout en

Tunisie, tout est plus beau de loin que de près ; nous avons, il est vrai, des lambris dorés et peints à fresques ; mais quelles peintures et quelles dorures ! J'habite trois chambres, conjointement avec deux lieutenants et un capitaine ; les deux lieutenants me servent de gardes du corps, puisqu'il faut traverser leur chambre pour parvenir à celle du capitaine d'un côté et à la mienne de l'autre, car les couloirs sont peu usités dans ce pays ; ma chambre a 12 mètres de long sur 8 de large, elle est éclairée au levant par trois grandes fenêtres de 3 m. 5o de haut, au couchant par une baie à panneaux mobiles, large de 3 m. Les encadrements des fenêtres sont en marbre blanc ainsi qu'une des portes et la cheminée ; les dalles sont en marbre blanc, les murs sont en faïence bleue, jaune, verte et blanche. Je ne suis pas seul à habiter cette vaste pièce, des bataillons de puces s'y promènent et me livrent bataille assistés de non moins nombreux escadrons de moustiques ; j'ai compté jusqu'à 22 puces sur mon pantalon blanc, elles se promènent comme des fourmis ; on se fait à tout.

« Mon mobilier se compose de mon lit de camp, de deux pliants et d'une table en bois blanc, sur laquelle je vous écris ; ajoutez-y une peau de mouton, les deux cantines qui ne soutiennent pas mon lit, ma table de tente, ma cuvette en caoutchouc et un bidon en fer battu, et vous aurez toute mon installation qui est primitive pour un palais. Ce qu'il y a de mieux, c'est notre cercle, qui est une dépendance du palais, l'ancien harem, un petit temple grec élevé sur une terrasse à laquelle on parvient par 12 marches, au milieu de laquelle est un bassin alimenté par une noria, le tout ombragé par 4 gigantesques pins d'Alep, c'est sous cet ombrage qui nous distrait un peu de la monotonie des orangers, que nous mangeons une cuisine primitive et parfumée par notre cuisinier arabe à l'aide du romarin qui borde les allées[1]. Les riches indigènes n'habitent la Manouba que 6 semaines d'hiver par an, et

1. Ce palais est actuellement le mess des officiers du 4ᵉ chasseurs d'Afrique, et il nous a été donné en 1899 d'y recevoir une hospitalité charmante pendant une étape de manœuvres à la Manouba, où nous avions établi notre tente pour une nuit.

l'abandonnent le reste du temps, pour cause
d'insalubrité.

« Sur ce..... »

« La Manouba, 13 octobre 1882.

« BIEN CHER PÈRE,

« Me voilà bien en retard avec vous, mais
tout en vous présentant mes humbles excuses,
je plaide les circonstances atténuantes : inspection générale très absorbante et fatigante,
car j'ai dû accompagner l'inspecteur général
dans la visite des divers détachements qui se
trouvent dans un rayon de 6o kilom. de la
Manouba. Le général inspecteur a suspendu le
travail pendant la journée de dimanche qui
coupait en deux les dix jours qu'il a mis à
passer son inspection, et a consacré cette jonr-
née à visiter les ruines de Carthage ; il m'avait
pris pour guide et organisateur de cette partie.
J'ai écrit aux Pères de Saint-Louis, nous avons
été y entendre la messe, puis on nous a donné
un Père qui est un archéologue éminent et
qui fouille les ruines depuis 9 ans ; nous avons

parcouru à pied, à cheval et en voiture, les 15 ou 1800 hectares qui formaient jadis Carthage et nous avons tout vu, tout ce que peuvent voir les touristes, et même beaucoup de choses qu'ils ne voient pas : les grandes et les petites citernes, les bassins du port aujourd'hui comblés ; la vieille cité ; en nous conduisant aux différents points culminants, le Père a déroulé à nos yeux un panorama imaginaire qu'il s'était créé en étudiant les anciens auteurs latins et les Pères de l'Église, qui ont décrit Carthage ; puis nous avons été sur le flanc des collines opposé à la mer où s'étendaient les faubourgs et au pied desquelles se trouvaient, d'un côté, les arènes où ont été livrées aux bêtes sainte Agathe, sainte Perpétue, etc. Le Père était sur son terrain, et comme archéologue et comme missionnaire ; il resplendissait en nous disant : « C'est ici, Messieurs, qu'éclataient les clameurs de la foule criant aux proconsuls : « Cyprien aux bêtes ! aux lions Cyprien ! » Saint Cyprien était évêque de Carthage.

« De l'autre côté des mêmes collines se trouvaient les cimetières différents : cimetières

païens, cimetières chrétiens, cimetières d'es-
claves et même des cimetières phéniciens qu'on
retrouve en creusant sous les premiers. Nous
avons visité toutes ces nécropoles, descendant
dans des tombes où sont des urnes funéraires
de différentes formes, en terre, en verre et
quelquefois en marbre. La journée a été très
fatigante mais fort intéressante.

« Au revoir.....

« STA. »

« La Manouba, 27 octobre 1882.

« BIEN CHER PÈRE,

. . . .

« Je vous ai déjà dit comment mon inspection s'est passée, mais depuis ma lettre il
s'est produit quelques changements dans ma
situation ; j'ai été nommé président d'un
jury d'examen, ce qui a absorbé mon temps
pendant 4 jours, 10 heures par jour ; et puis
président du conseil de guerre, ce qui me
fixe à Tunis jusqu'à nouvel ordre ; néanmoins
j'ai gardé mon point d'attache à la Manouba,

et c'est toujours ici qu'il faudra continuer à m'adresser mes lettres.

« Il se prépare, je crois, des événements graves en Tunisie, qui pourraient avoir même une influence sur notre politique en Europe. Le Bey[1] est très malade, il est même à peu près condamné, la question de sa succession peut être grosse d'orages. Voici comment : Le bey a deux frères qui peuvent lui succéder suivant la loi musulmane par ordre de primogéniture, mais cet ordre peut, à la rigueur, ne pas être observé, et souvent il ne l'est pas ; c'est le plus malin qui décroche la timbale ; de ces deux frères, celui qui serait appelé à lui succéder le plus légalement, Ali-Bey, est le plus intelligent et le plus populaire des deux, en outre il nous est particulièrement hostile, tandis que son frère, Taïeb-Bey, affecte dans les conseils de soutenir les intérêts français, comme Ali soutient les intérêts italiens ; d'autre part, le traité du Bardo attribue au gouvernement français le droit d'intervenir dans la nomination du bey, mais les conditions dans lesquelles ce droit peut être exercé, non

1. Mohammed Saddock.

plus que les limites de ce droit, ne sont pas
déterminées d'une façon suffisamment expli-
cite. A la mort du bey, nous nous trouvons
donc dans l'alternative suivante : ou nous
laissons nommer Ali-Bey, qui est hostile à la
France, et nous suscitons des embarras sérieux,
ou nous ferons nommer Taïeb-Bey, et alors,
pour sûr, Ali se mettra à la tête d'une révolte
qui sera très sérieuse, car il est populaire et
intelligent et peut être redoutable s'il marche
au nom de l'Islam ; il y a encore à craindre
que l'Italie ne vienne compliquer les choses,
car elle est loin d'avoir accepté l'occupation
de la Tunisie et l'on peut lire en maints
endroits sur les murs de Tunis : « Vivent les
Vêpres Siciliennes ! » Je crois que le gouvernement français n'est pas bien fixé sur ce
qu'il fera, mais de toutes façons la mort du
bey compliquera les choses et pourra bien
être la cause déterminante du vrai commencement de la guerre de Tunisie qui n'a pas
encore commencé en réalité. A la suite de
cette mort, la « poudre parlera », dit-on généralement ici.

« Sur ce.....   « STA. »

« La Manouba, 1er novembre 1882.

« BIEN CHER ET AIMÉ PÈRE,

. . . .

« J'ai été aujourd'hui entendre la messe dite en l'honneur du Cardinal de Lavigerie, j'ai fait pour cela 20 kilomètres à franc étrier avant mon déjeuner ; je suis rentré à 10 h. 1/2 par un beau soleil et une bonne chaleur de 30° qui nous fait plaisir, car, habitués que nous sommes à la chaleur, nous trouvons ennuyeux de n'avoir que 24° depuis 8 jours, et il faut ajouter que ce pays sans le soleil est affreux. J'ai pensé que je ne pouvais pas mieux terminer ma journée qui se trouve être à peu près libre, qu'en vous écrivant pour vous donner quelques détails sur cette cérémonie qui a été fort imposante et bavarder un peu avec vous sur les événements de Tunisie, car je ne sais rien de ceux de France. J'étais donc monté à cheval à 6 h. 1/2 du matin, pour aller, en raison de la solennité, entendre une bonne messe ; en arrivant, je trouve celle-ci presque finie, je m'informe du motif qui a

fait avancer l'heure et j'apprends alors que le
Cardinal doit, une demi-heure plus tard, officier solennellement ; c'est la première fois que
j'ai entendu une messe célébrée par un prince
de l'Église.

« Le Cardinal a fait une entrée dans l'église,
précédé de 3o lévites vêtus d'une robe blanche
avec un camail et une calotte bleu de ciel,
ayant à leur tête un massier portant une
masse d'agent et derrière eux, les guidant,
un vieillard vêtu comme eux et portant sur
la poitrine une large plaque d'argent ; venaient
ensuite cinq missionnaires d'Afrique en bur-
nous blanc, dont l'un portait la croix des pre-
voriens ordinaires ; puis 24 enfants de chœur
précédant 18 diacres en dalmatiques d'or ; derrière eux un prêtre en camail d'hermine portant une large croix d'or à deux croisillons,
marchant immédiatement devant le clergé et
les grands vicaires qui entouraient le cardinal ; ce dernier est un grand vieillard aux
fortes épaules, ayant une barbe blanche largement épanouie sur la poitrine, portant har-
diment la mitre et s'appuyant majestueuse-
ment sur sa crosse ; il avait sur les épaules

un manteau de soie pourpre avec un large camail de soie blanche dont la longue queue était portée par un caudataire; derrière lui se pressait une foule d'environ 300 personnes, hommes et femmes, qui accompagnait le cortège depuis la maison du cardinal à travers les rues; il faut venir en pays musulman pour voir une procession catholique se promener librement dans les rues, et saluée respectueusement par les passants. Quand le cardinal de Lavigerie a passé tout près de moi en entrant dans l'église, je me suis demandé, à voir cette haute mine, ce costume pompeux et en même temps son air inspiré, si ce n'était pas un portrait détaché des pages enluminées de quelque missel gothique. C'est du reste un homme éminent et tout à fait à hauteur de la grande mission que lui a confiée le Pape en le nommant Primat de toutes les contrées et provinces d'Afrique.

« Le cardinal, après s'être prosterné devant l'autel, s'est dirigé vers son trône et a revêtu successivement les divers vêtements pour dire la messe après avoir dépouillé son manteau; il officie avec onction et majesté; sa voix, un peu affaiblie par l'âge, reste néanmoins sonore et remarquablement juste, il prononce le latin avec une rare élégance ; les chants étaient fort beaux, c'étaient des voix italiennes pour la plupart, toutes justes et harmonieuses ; le chant était conduit par une basse chantante et un baryton léger qui tantôt chantaient à l'unisson, tantôt en parties, tantôt répondant aux chœurs, tantôt soutenus par eux. Ils ont aussi chanté un superbe *Kyrie*, un magnifique *Gloria* qui a duré plus de 20 minutes, et un *Sanctus* qui s'est prolongé jusqu'au *Pater*. Après la bénédiction ordinaire de la messe, le cardinal est resté les bras étendus comme pour nous bénir, le clergé et les diacres ont chanté pendant environ 4 ou 5 minutes un chant que je n'ai pas compris et que Son Eminence a terminé par une bénédiction solennelle qu'il a prononcée à pleine voix, la main toujours étendue sur la foule qui se prosternait sur les dalles. Puis le cortège pontifical est sorti dans le même ordre que j'ai déjà dit et a été escorté par une partie de l'assistance à son départ comme à son arrivée. L'église était pleine, il n'y avait guère,

en fait de français, qu'une douzaine d'hommes, dont 7 officiers, et une quinzaine de
femmes; tout le reste des assistants (1800
environ) se composait exclusivement de Maltais et Maltaises, d'Italiens et d'Italiennes;
chose étrange, ces Maltais et ces Italiens
étaient profondément recueillis à l'église, et
les mêmes hommes, le soir, échangent des
coups de revolver en plein café ou mettent le
couteau à la main pour se battre entre eux.
Quelle est cette église? me demandez-vous.
C'est un bâtiment en forme de croix pouvant
contenir 2500 personnes, que Mgr de Lavigerie
a fait construire en six mois, qui est peinte à
fresques à l'intérieur, et qui à l'extérieur est
orné d'un clocher carré suffisamment élevé
pour jeter au loin son gai carillon, moins
puissant certainement, mais bien plus libre
dans ses allures en revanche, que celui de
Notre-Dame de Paris. Cette église n'est que
provisoire, et le cardinal annonce que dans
trois ans il aura une cathédrale, bien qu'elle
ne soit pas encore commencée et que son emplacement ne soit même pas acheté; personne
n'en doute, tant l'on est habitué ici aux mira-

cles de son activité et de son zèle dévorant !

« Je vous disais dans ma dernière lettre que la mort du bey Mohamed ben Saddock pouvait entraîner pour nous des complications, et il est mort le lendemain du jour où je vous écrivais ; je l'ai même escorté à sa dernière demeure ; son successeur a été proclamé avec une rapidité qui a surpris notre politique hésitante. Les Mhrabets (lisez Marabouts) ont acclamé son frère Ali, comme l'on s'y attendait du reste, une demi-heure après la mort, de telle sorte que notre ministre a appris à la fois la mort du bey et la nomination de son successeur. Nous nous sommes inclinés devant le fait accompli avec résignation. Le consul d'Amérique me disait à ce propos qu'il ne comprenait pas que nous ayons laissé échapper cette occasion de devenir les maîtres de la Tunisie en nous opposant à la nomination d'un successeur ; pour cela il eût fallu oser.

« Le bey, qui vient de mourir, était un homme intelligent, et, malgré des mœurs déplorables, habituelles du reste dans ce pays, c'était un homme loyal et honnête, le plus honnête homme, disait-on, de la Tunisie. Il travaillait beaucoup, s'occupant des affaires avec un soin rare, il n'a jamais signé une lettre sans la lire et souvent il y ajoutait ou changeait quelques mots de sa main. Je vous ai dit que je commandais, le jour de son enterrement, la cavalerie du cortège, qui se réduisait du reste à deux escadrons de mon régiment, dont l'un marchait en tête, l'autre en queue ; derrière mon 1er escadron venaient deux généraux tunisiens, puis 800 ou 900 prêtres arabes, marchant entre deux rangs de musiciens, tambours ou trompettes exclusivement, qui marchaient eux-mêmes par deux à gauche et à droite de la horde de M'rabets. Sur les bas-côtés de la route, de chaque côté, un cordon de troupes beylicales, ensuite, au milieu des principaux dignitaires, la châsse portée par des prêtres et suivie immédiatement par le second frère du défunt, Si-Taïeb et tout le corps diplomatique ; puis une foule innombrable d'Arabes, environ 40.000, marchant à gauche et à droite de la route, sur les flancs du convoi. Depuis la sortie du Bardo jusqu'à la mosquée du Bey dans Tunis où Mohamed-ben-Saddock a été enterré, c'est-à-

ENTERREMENT DU BEY MOHAMED-SADDOCK

(Le 29 octobre 1882.)

dire pendant deux heures et demie, les prêtres n'ont pas cessé de chanter une lente mélopée rythmée sur deux notes et qu'accompagnaient en cadence les roulements sourds de plus de 200 tambours et la plainte d'autant de trompettes ; l'effet était saisissant, mais à la longue il serait devenu monotone si cette bizarre harmonie n'avait été de temps à autre assaisonnée de *You! You!* aigres que poussaient sur le passage du cortège, à mesure qu'il s'avançait, des groupes de femmes pleureuses placées alternativement à gauche et à droite de la route. Une fois entrés dans la ville, le nombre des pleureuses s'est accru d'une façon excessive ; les terrasses des maisons en étaient couvertes, on en a évalué le nombre à plus de 10.000, et leur *Yous-Yous* redoublaient d'intensité à proportion de leur nombre.

« Sur la place du Dar-el-Bey l'on s'est arrêté, le corps a été porté dans une mosquée sainte, les cris et les pleurs ont redoublé, puis le cortège s'est dispersé, laissant le corps aux mains des prêtres qui ont été l'enterrer dans la Kouba de famille.

« Je pensais que mes fonctions de président

du conseil de guerre me fixeraient à Tunis, mais ce sera pour moins de temps que je ne croyais; l'on a jeté les yeux sur moi pour un poste important et difficile ; le colonel que je remplace en est devenu fou. J'espère que ma tête sera plus solide. Je suis nommé *in petto* commandant supérieur de Bizerte et Mateur : cela sera intéressant, mais sévère comme vie ; il y a peu à y gagner et beaucoup à y risquer, parce que la situation est très délicate et difficile. J'aurai à commander militairement et à administrer civilement un pays riche, remuant, représenté comme superficie par un carré d'environ 60 kilomètres de côtés, ayant sous mes ordres trois bataillons et un escadron ; enfin je tâcherai de faire de mon mieux. Quand rejoindrai-je mon poste? Je n'en sais rien, mais ce sera incessamment, tous mes paquets sont faits et je couche sur mon lit de camp. Je partirai en deux heures, s'il le faut, avec tout mon matériel.

« J'oubliais de vous dire que je serai commandant des forces de terre et de mer, ayant sous ma direction le port de Bizerte, appelé, si nous conservons ce pays, à devenir le port

de toute la Méditerranée le plus beau et le plus
sûr. Le bruit court en Tunisie, à propos de ce
port, que l'Angleterre a déclaré à la France
qu'elle ne permettrait pas qu'on travaille à
son aménagement.

« Voilà, j'espère, une longue lettre de la
Toussaint, elle m'a pris tout mon après-midi,
qui, du reste, ne pouvait être mieux employé,
puisqu'il était libre.

« A revoir...

« STA. »

Le lieutenant-colonel d'Orcet n'alla pas à
Bizerte, il fut détaché à Gabès et annonçait
ainsi à son père sa nouvelle nomination :

« La Manouba, 5 décembre 1882.

« Lorsque vous recevrez cette lettre, je serai bien loin d'ici, car je m'embarque demain
pour Gabès ; j'ai reçu l'ordre de mise en route
dans les conditions de hâte que j'ai dites à
Marie dans une lettre de ce jour, après avoir
terminé mes préparatifs de déménagement,
car je déménage pour un temps qui n'est pas

fixé, mais qu'on m'a prévenu pouvoir être long, et je n'ai pas voulu le faire sans vous écrire. J'emmène donc toute ma maison dans l'oasis de Raz-el-Oued de Gabès, où je vais établir ma tente.

« Ce nouveau séjour est austère ; c'est le camp installé à proximité des frontières de la Tripolitaine, et par conséquent le poste avancé et le plus important de la Tunisie. Il devrait être occupé par un général de brigade, puisque c'est une subdivision. Actuellement, c'est le colonel d'un régiment de cavalerie de France qui l'occupe, M. de la Rocque ; je suis envoyé là comme son coadjuteur, sur sa demande et avec la perspective sinon la certitude de lui succéder dans le cas possible de son rappel en France ; tels sont les termes de la lettre officieuse qui accompagnait mon ordre de service ; c'est donc très flatteur, car je suis ainsi destiné à occuper le commandement d'un général de brigade. Je pars donc, sinon avec plaisir, du moins avec une réelle satisfaction d'amour-propre. J'ajouterai qu'il y a sous roche une expédition imminente, mais dont j'ignore le but, comme tout le monde, et que j'aurai un rôle particulier à jouer puisque le général en chef m'a dit, lorsque j'ai été prendre congé, que je connaîtrais ma destination le jour de mon débarquement à Gabès, qui sera dimanche prochain; je vous écrirai immédiatement... »

. . . .

> « Raz-el-Oued de Gabès,
> 12 décembre 1882.

. . . .

« Je vous écris sur la table de mon chef d'état-major, faite avec des boîtes de biscuits et couverte de la poussière formidable que soulève le furieux sirocco qui souffle en ce moment. Je ne vous donne pas de nouvelles de ma santé, vous ayant adressé, pour vous édifier à cet égard, un télégramme qui vous parviendra bien avant cette épître...

« Qu'est-ce que Gabès port? Ainsi que je vous l'ai déjà dit, il n'y a qu'une seule maison : le Bordj du gouvernement de l'Arad, et nous y avons élevé des baraques pour l'hôpital; deux bataillons campent autour. Les bateaux sont arrêtés à deux milles de terre ; la côte est encore plus basse qu'aux autres débarquements : il n'y a plus d'appontements et nous touchons terre, portés depuis les barques sur les épaules de robustes Arabes qui, pendant environ deux cents mètres, sont à l'eau jusqu'aux hanches. Flore est à la nage ; quant à nos chevaux, ils ont été débarqués sans cérémonie en mer et ils arrivent à la file. Comme aspect général, vue du pont du bateau, la côte présente une longue ligne de sables ; à 1ooo m. de la côte commence la ligne des oasis ; la principale, longue de 5 kilomètres et profonde de 4, présente la forme presque régulière d'un quadrilatère ; c'est l'oasis de Gabès, arrosée par deux cours d'eau, l'oued Gabès et l'oued Abouma ; à gauche et à droite, deux petites oasis au sud et au nord. Ce qui fait l'importance de Gabès, c'est que c'est le comptoir du Soudan.

« A une autre lettre des détails sur le pays.

« En touchant terre, je rencontre tout d'abord le commandant de place de Gabès port, et un autre chef de bataillon de ma connaissance : l'un est de ma promotion d'école, l'autre de mes conscrits ; je monte à cheval, et à 5oo m. du port je trouve le colonel de la Rocque, qui est venu au devant de moi avec une escorte de spahis ; il me fait le plus courtois et chaleureux accueil : « Si j'ai eu un véritable plaisir depuis 8 mois que j'exerce ce lourd commandement, cela a été le jour où j'ai appris que j'avais le bonheur de vous avoir comme coadjuteur », puis il me met rapidement au courant de la situation ; il va partir avec une colonne de 3 bataillons, un escadron de cavalerie, une batterie d'artillerie et une compagnie de génie ; moi je reste au camp de Raz-el-Oued pour commander la subdivision, protéger ses derrières, assurer ses ravitaillements et arrêter une attaque possible du Sud-Ouest pendant qu'il marche au Sud ; il part pour 45 ou 5o jours ; à son retour, je partirai avec une colonne pour le Sud-Ouest ; pendant son absence, j'aurai sous mes ordres directs 4 bataillons, un peloton de cavalerie et une section d'artillerie, et j'ai en outre la direction de toute la subdivision qui s'étend de Maharès au nord à Zarzis au sud ; il y a beaucoup de travail et de responsabilité, et bien que j'aie un chef d'état-major, un officier d'ordonnance, un interprète et deux officiers des bureaux arabes, je n'ai pas une minute à moi, aussi vous ai-je écrit cette lettre de bric et de broc en cinq ou six fois, en utilisant mes minutes disponibles.

« Je suis sous ma tente dressée sous un hangar de planches ; mais, grâce à un de mes amis, le capitaine de Nadaillac (gendre de la duchesse de Maillé), qui est l'homme le plus industrieux du monde, qui a su faire ici de la chaux, du plâtre et de la brique, j'aurai bientôt transformé mon hangar en maisonnette, ce qui me permettra de braver un peu la chaleur ardente qu'il fait dans ces parages. »

. . . .

« Raz-el-Oued de Gabès, 3 janvier 1883.

. . . .

« Il est difficile de soigner mon écriture, car je vous écris au galop et en quelque sorte fiévreusement, interrompu toutes les cinq minutes par quelque Arabe, chef de tribu qui vient me demander un territoire pour camper avec le monde qu'il ramène, ou par une dépêche, car je suis au centre des dépêches du commandement en chef d'une part et d'autre part des deux colonnes La Rocque et Guyon Vernier et aussi de différents cercles du Sud ; il m'est arrivé d'envoyer jusqu'à 40 dépêches par jour, soit par l'optique, soit par l'électrique. Je rapatrie les tribus dissidentes qui viennent me faire leur soumission, je ravitaille deux colonnes et deux postes qui sont à 7 et 10 jours de marche dans l'intérieur : El Agada et Gafsa, je commande mes bataillons, je débats les intérêts avec les consuls, le gouverneur du Bey... Comme les vrais chefs d'état-major et officiers d'ordonnance sont en colonne en ce moment à Ksar-Medenine, je suis peu secondé et je suis écrasé. Je suis levé à 6 heures, je galope le matin pour aller organiser mes convois à Gabès-port (10 km.) ou pour installer les campements des tribus de passage, je déjeune entre 11 heures et 1 heure, je dîne entre 7 et 9, et je travaille jusqu'à minuit, ayant souvent besoin de rédiger des télégrammes ou des ordres sommaires entre la soupe et le bouilli. En un mot, je n'ai pas une minute à moi ; ma distraction est d'offrir le café aux grands chefs qui viennent me voir et me baiser la main, puis d'offrir à dîner le samedi à notre aumônier qui vient coucher au camp pour nous dire la messe le dimanche, je vous dirai même que je lui ai donné le portrait du cardinal de Lavigerie que vous m'avez envoyé, et qui lui a causé un grand plaisir; cela a été ses étrenness.

« On vient d'attacher à mon bureau de renseignements un jeune officier fort bien, qui est de Montferrand, il s'appelle M. de Fleurac.

« Au revoir..... »

« Raz-el-Oued, 16 janvier 1883.

. . . .

« Le bateau ayant quelques heures de retard parce qu'il s'est ensablé à la pointe de Djerba, ainsi que vient de me l'annoncer le sémaphore, j'en profite pour vous écrire quelques mots de tendresses. Je suis toujours très occupé de toutes manières, ayant à répondre à toutes espèces de services, même à disputer avec les consuls étrangers, car l'Italie et l'Angleterre ont accordé des lettres de naturalisation à tous les Juifs ou Arabes indigènes qui leur en ont demandé ; c'est un moyen de nous gêner et dans tous les cas de nous ennuyer beaucoup ; car toutes les fois que nous avons à poursuivre quelqu'un de ces naturalisés, ce qui est fréquent, car c'est en général ce qu'il y a de plus mauvais, vite on m'oppose les capitulations, et le consul court chez celui de France, qui se précipite chez moi ; mais je connais mon affaire, je ne lâche qu'à bon escient et pas toujours tout le monde, j'en garde de temps en temps pour le conseil de guerre. Du reste, je touve moyen de conserver toujours une certaine action à ma justice ; lorsque je suis obligé de rendre le coupable à son consul, je l'acquitte toujours, je fais reconduire le juif par deux spahis et un gendarme. Je préviens le gendarme de marcher devant, de ne pas écouter et de ne jamais tourner la tête ; derrière, marche le coupable relâché, et en arrière de lui deux spahis. Je leur dis : « Ce juif a dit que vous étiez des chiens, je vous défends de le tuer, et le gendarme ne verra rien. » Du reste, il faut que vous sachiez que rien n'est agréable à un

Arabe, comme de taper à coups de bâton sur un Juif. Ainsi, celui que j'ai ainsi recommandé arrive chez son consul moulu de coups, et le gendarme assure qu'il n'a rien vu. De cette manière, j'arrive à faire redouter, malgré les consuls, ma justice aux contrebandiers.

« Je suis obligé de terminer ma lettre, car voici l'heure de la signature qui arrive, et c'est une heure qui en durera, aujourd'hui, deux ou trois à cause du départ du courrier et parce que je lis tout.

« Adieu..... »

« Raz-el-Oued, 13 février 1883.

. . . .

« Les jours se succèdent et sont toujours aussi occupés.

« Le colonel de la Rocque vient de rentrer, il a terminé son expédition par un coup de foudre contre les dissidents les plus obstinés, les Ouled Khalifa ; il les a surpris, est tombé sur eux à l'improviste et leur a razzié 1200 chameaux, une cinquantaine de chevaux et quelques milliers de moutons. C'est une leçon dont ils se souviendront et qui a amené déjà la soumission de plusieurs de leurs douars.

« Je conserve encore pendant quelques jours le commandement de la subdivision, malgré la rentrée du colonel qui a besoin de quelques jours de repos ; ensuite je reprendrai le deuxième rang, il y a du reste du travail pour deux; le colonel gardera la direction générale de la subdivision et des trois cercles, moi j'aurai le commandement des deux bataillons, de l'escadron, de la batterie de Raz-el-Oued, plus l'administration du cercle de Gabès.

« Nos ravitaillements se font par des convois de 600 à 800 chameaux et de mulets que je recrute dans le cercle et que je fais escorter ou escorte moi-même, comme je vais le faire incessamment pour en conduire un considérable à Gafsa avec un bataillon et un escadron d'escorte.

« Sur ce....

« STA. »

« Raz-el-Oued, 8 mars 1883.

« BIEN CHER ET AIMÉ PÈRE,

« Je vais partir dans 4 jours, pour une tournée dans le Sud-Ouest. Je vais, avec la cavalerie, étudier des lignes de télégraphie optique, et en protéger l'établissement. Je visiterai Gafsa, Tozeur, Gilma, etc. Ma tournée durera probablement 15 jours ; vos lettres m'arriveront par les courriers à cheval qui me relieront presque journellement à Gabès.

« Nos agents indigènes, en Tripolitaine, nous informent secrètement que l'Italie a des agissements très actifs dans le but d'un protectorat ou peut-être d'une annexion... »

« El Hafay, 14 mars 1883.

« BIEN CHER ET AIMÉ PÈRE,

« Je profite du passage d'un spahi qui porte le courrier de Mehamla à Gafsa et de là à Tebessa et à Constantine, pour vous envoyer quelques mots de souvenir et d'amitié, pour les habitants du Veuillin, et pour vous. Je suis en marche depuis trois jours et je vais bien, ainsi que toute ma maison et toute ma colonne. Flore chasse pendant toute la route et nous fait tuer de temps en temps quelques perdreaux ou quelques cangas qui augmentent d'autant le pot au feu et varient le menu ; je suis campé dans une gorge montagneuse, une espèce de pot de chambre, et nous allons explorer toutes les hauteurs qui l'entourent au point de vue de l'établissement de notre ligne de télégraphie optique. El Hafay ne doit pas être sur votre carte, c'est dans les montagnes, un peu au sud du point nommé El Hagacha.

« Je vous embrasse... »

« El Hagacha, 16 mars 1883.

« Il vient d'arriver à mon campement, pour s'y reposer, un spahi porteur de dépêches à destination de Tebessa, j'en profite pour vous écrire ces quelques lignes. Elles vous apporteront toutes mes tendresses et vous apprendront que mon excursion se continue sous les meilleures auspices aux point de vue de la santé. Nous sommes tous dans les meilleures conditions sanitaires pour le corps et pour l'esprit; nous sommes seulement un peu contrariés par le temps. Après les tempêtes de vent et de froid, nous avons eu la pluie toute cette nuit, et nous sommes pour le moment enveloppés de brumes qui nous présagent de nouvelles pluies et nous gênent beaucoup pour nos observations ; nous sommes en pleine montagne et j'ai installé mon camp dans une petite vallée étroite qui nous abrite à peu près complètement du vent. Ma tente est sous un gros olivier qui a près de deux mètres de circuit; du côté opposé à ma tente sont creusés des trous qui constituent les fourneaux de ma cuisine où se prépare un vrai repas de Lucullus qui sera assaisonné d'un vigoureux appétit comme en donne la vie en plein air.

« Il fait en ce moment un petit coup de soleil qui sèche rapidement l'humidité que nous avons eue cette nuit; hommes, chevaux et chameaux qui m'entourent sont dans la joie; avant une heure, nous serons réchauffés

à fond et tout prêts à braver la pluie que
nous annoncent les buées qui s'élèvent doucement de terre sous l'action du soleil, et cou-
ronnent les flancs des hauteurs dont nous
allons faire l'ascension ; pourvu que la pluie
ne nous prenne pas en route, le temps est
capable de nous jouer le mauvais tour de nous
retenir un jour de plus ici, car il faut absolument que nous voyions au loin, puisque nous
ne marchons que pour cela. »

« Raz-el-Oued, 27 mars 1883.

« Me voici revenu de ma tournée et je me
hâte de vous écrire pour vous dire qu'elle s'est
terminée dans les meilleures conditions. »...

« Raz-el-Oued, 28 juillet 1883.

« BIEN CHER ET AIMÉ PÈRE,

« Je commande aujourd'hui la subdivision
de Gabès, le colonel partant par le bateau
qui emportera cette lettre. Je n'ai pu vous
écrire à l'avance, tout mon temps jusqu'à hier

soir ayant été occupé par les soins et les travaux qu'entraîne une prise de commandement. Voilà qu'aujourd'hui je reçois des dépêches m'annonçant l'arrivée d'un djich (parti de cavalerie) qui vient razzier nos tribus du Sud ; je pars donc dans quelques heures à onze heures du soir, courant au Sud à marches forcées, je vais marcher cette nuit d'onze heures à neuf heures du matin, dans la nuit de demain je marcherai de neuf heures du soir à 8 heures du matin, puis une partie de la journée, et j'espère arriver mercredi matin au Sud de la Sebka el Melah sur l'Oued Nefetia.

« Je suis dans le feu des ordres de toutes sortes, des télégrammes que j'envoie dans toutes les directions à mes postes avancés. Je n'ai que le temps de vous prier de dire à Charles et à Marie que je les embrasse tendrement et d'embrasser pour moi les fillettes.

« Au revoir..... »

« Raz-el-Oued, 7 août 1883.

« BIEN CHER ET AIMÉ PÈRE,

« Je suis rentré hier du Sud sans coup férir,

mais ayant arrêté le djich par la rapidité de ma décision et de mes marches ; j'ai poussé jusqu'à l'Oued-ben-Ahmed, j'ai parcouru la vallée de l'Oued Cineum, dans laquelle s'étaient réfugiés tous les troupeaux de moutons et de chèvres de nos tribus (plus de 6o.ooo), enfin je suis rentré quand tout danger a eu disparu ; j'ai fait quelques rudes marches, une entre autres, dans laquelle j'ai marché de 2 h. 1/2 du matin à 8 h. 1/4 du soir, avec un seul repos de deux heures et demie de 10 h. 1/2 à 1 h. ; bêtes et gens ont parfaitement supporté cette épreuve malgré une douce chaleur de 46°.

« Comme je suis arrivé pour le jour du bateau, j'ai un travail énorme, tout le courrier de la subdivision ; aussi je n'ai pas le temps de causer longuement avec vous. »

.   .   .   .

Au retour d'un congé de deux mois que le lieutenant-colonel d'Orcet passa en France à cette époque, il fut nommé commandant supérieur du cercle de Gafsa.

« Raz-el-Oued, 18 décembre 1883.

« BIEN CHER ET AIMÉ PÈRE,

« Je viens de recevoir ma nomination pour Gafsa, je vous écrirai de ce poste en y arrivant, pour vous indiquer avec plus de détails que je n'ai pu le faire par le télégraphe les moyens de correspondance. Je pars demain matin et m'en vais à marches forcées, doublant les étapes, car la situation est très tendue, le pays est sourdement agité par les menées souterraines, tant du gouvernement tunisien que de la Porte et peut-être même du Mahadi[1]. Ces agissements hostiles, dont l'action était atténuée l'année dernière par la présence d'un corps d'armée suffisamment nombreux et par une attitude de notre part, sinon énergique, du moins ferme relativement à l'attitude actuelle, ont trouvé aujourd'hui un point d'appui considérable dans le retrait de nos

---

1. En 1881 au moment de l'agitation Arabi en Egypte, un Soudanais se déclara le Mahadi, c'est-à-dire le Prophète qui devait faire triompher l'Islam sur toute la terre. A la tête d'une armée de Derviches il s'empara de toutes les villes du Soudan qui appartenaient au Khédive et étaient en partie occupées par les troupes anglaises.

troupes, exécuté d'une façon si rapide et si irréfléchie que les indigènes ont pu le considérer comme une fuite ; vis-à-vis des populations arabes, il faut absolument de la décision et de l'énergie et surtout de la suite dans la politique et de la persistance dans les idées : l'hésitation leur paraît synonyme de la peur, et la fluctuation dans la politique comme dans les idées est considérée par eux comme la preuve d'une faiblesse absolue ; ils n'ont donc aujourd'hui, en Tunisie, qu'une considération très modérée pour nous, et admettent facilement comme une certitude les bruits que l'on fait courir parmi eux que nous allons être prochainement écrasés en Europe et chassés des pays musulmans. C'est dans ces conditions que je vais prendre un commandement très difficile par l'étendue de son territoire, par les intérêts divers qu'il renferme et par sa situation géographique qui fait de ses parties les plus riches une proie toujours offerte aux dissidents du Sud.

« Mon commandement rayonne de Gafsa à 120 k. au sud, à 60 à l'ouest, à 70 au nord et à 80 à l'est. Vous voyez qu'à parcourir mon territoire j'aurai de quoi exercer les jambes de mes chevaux.

« Me voilà à la fin de mon papier, je voudrais être à la fin de mes caisses. Je vous embrasse..... »

. . . .

« Gafsa, 23 décembre 1883.

« Bien cher et aimé père,

« Me voici arrivé de hier matin dans mon nouveau poste, et je m'empresse de vous écrire pour vous faire part de mes premières impressions. Vous me qualifiez de commandant de la subdivision, c'est un titre qui ne m'appartient pas ; la subdivision de Gafsa a été supprimée par suite de la réduction des effectifs du corps d'occupation et transformée en cercle, je suis le commandant supérieur du cercle de Gafsa. C'est une ville si l'on veut, cela en porte le nom, mais c'est une réunion de 250 à 300 maisons ou plutôt huttes bâties en boue, établie au coin d'une grande oasis.

« J'habite ici le Dar-el-Bey, ce qui veut dire le palais du gouvernement, mais ne vous fiez pas à l'étiquette. Dans mon palais, l'escalier

est une échelle de meunier ; dans mon salon
de réception, si les lambris sont dorés, les
divans et coussins contiennent plus de punai-
ses et de puces que de crin ; le vestibule qui
précède le salon, et que l'ami Henri appellerait
un hall en raison de ses vastes dimensions et
de la grande coupole qui l'éclaire, est meublé
à l'avenant ; il est, en outre, comme le salon,
une glacière en hiver et une fournaise le reste
du temps ; ma chambre est un rectangle dallé
présentant une surface de 5 m. sur 3, éclairé
par deux petites lucarnes et dont les murs sont
blanchis à la chaux ; au rez-de-chaussée deux
vastes pièces voûtées correspondant au vestibule et au salon du premier étage servent, l'une
de corps de garde à mon poste français, l'autre
de chambre pour mes spahis ; une première
cour intérieure renferme sur ses différentes
faces les bureaux des secrétaires du cercle,
mon bureau particulier, la salle de justice,
enfin une vaste salle à manger et une cuisine ;
tous ces locaux sont des rez-de-chaussée voû-
tés ; dans une deuxième cour sont les écuries,
les volières pour les poules, etc... ; tous ces
bâtiments sont plus ou moins croûlants et

habités, conjointement avec moi, par une multitude de scorpions velus, hideux et gros comme de petites souris, qui rampent partout, dans le vestibule, dans le salon et jusque dans ma chambre ; au premier abord c'est répugnant, mais je m'y ferai comme les autres. Ce qu'il y a de plus agréable, c'est un beau jardin dans l'oasis, assez bien entretenu et offrant des ressources pour la vie. J'en remets la description à une prochaine lettre, étant pressé aujourd'hui par la nécessité de recevoir les principales autorités qui vont me présenter leurs devoirs dans quelques instants.

« D'une manière générale, la vie sera ici dépourvue de toute espèce d'agréments.

« Sur ce.....

« STA.

« Après le 15 janvier, je partirai pour 12 à 15 jours, ayant à faire une tournée dans chacun des postes de mon commandement qui représente entre 5oo à 6oo kilomètres. »

« Gafsa, 14 mai 1884.

. . . .

« Je suis en pleine inspection générale d'infanterie ; car les fonctions multiples que comporte le commandement que j'exerce m'appellent à m'occuper de tous les corps sous mes ordres. Il y a donc grand tralala et un surcroît de travail pour trois ou quatre jours et une hécatombe de ma basse-cour ; ceci marque la fin des visites, car dans 15 jours personne ne se risquera plus à venir au Djérid jusqu'au mois d'octobre.

« Ici, la politique n'est pas brillante, et si je prenais au tragique les déboires qui m'arrivent fréquemment dans mes démêlés avec les autorités beylicales, les consuls, la résidence, etc., pour des affaires cependant importantes, où en serais-je ? Je lutte, je ris très haut quand j'ai le dessous ; et quand je triomphe, ce qui m'arrive parfois, je ris dans ma moustache pour triompher avec modestie, et ne pas effaroucher mes adversaires. Voilà la vie et le secret d'être le moins malheureux possible et de fuir les occasions de se faire des ennemis et de se créer des chagrins pour ce qui n'en vaut pas la peine. Je m'aperçois que je viens de faire un sermon, j'ai cru que j'écrivais une circulaire à mes chefs d'annexes. La nouvelle que vous me donnez de la prise de Gordon, je la connaissais depuis le 27 février, par mes agents secrets de Tripolitaine, j'en avais rendu compte, mais je n'y croyais pas, cela prouve que le Mahdi a des relations à Tripoli comme je le pensais [1].

« Nous sommes inondés d'abricots qui sont très parfumés, et les figues commencent à devenir bonnes. Malgré cela, le beau ciel bleu de France, comme vous le dites, vaut encore mieux.

« Le courrier piaffe à ma porte, je n'ai que le temps..... »

.   .   .   .

« Gafsa, 8 juillet 1884.

.   .   .   .

« Le divorce est donc dûment rétabli aujourd'hui ? dans quelles conditions ? nous sommes assez mal renseignés ici : le bruit court que la femme divorcée conservera le

---

1. Le général anglais Gordon avait été enfermé dans Kartoum par les troupes du Mahdi. Après une résistance d'une année, la ville fut prise par les Derviches et Gordon massacré.

LES GORGES DU CHABET-EL-AKRA

(Algérie.)

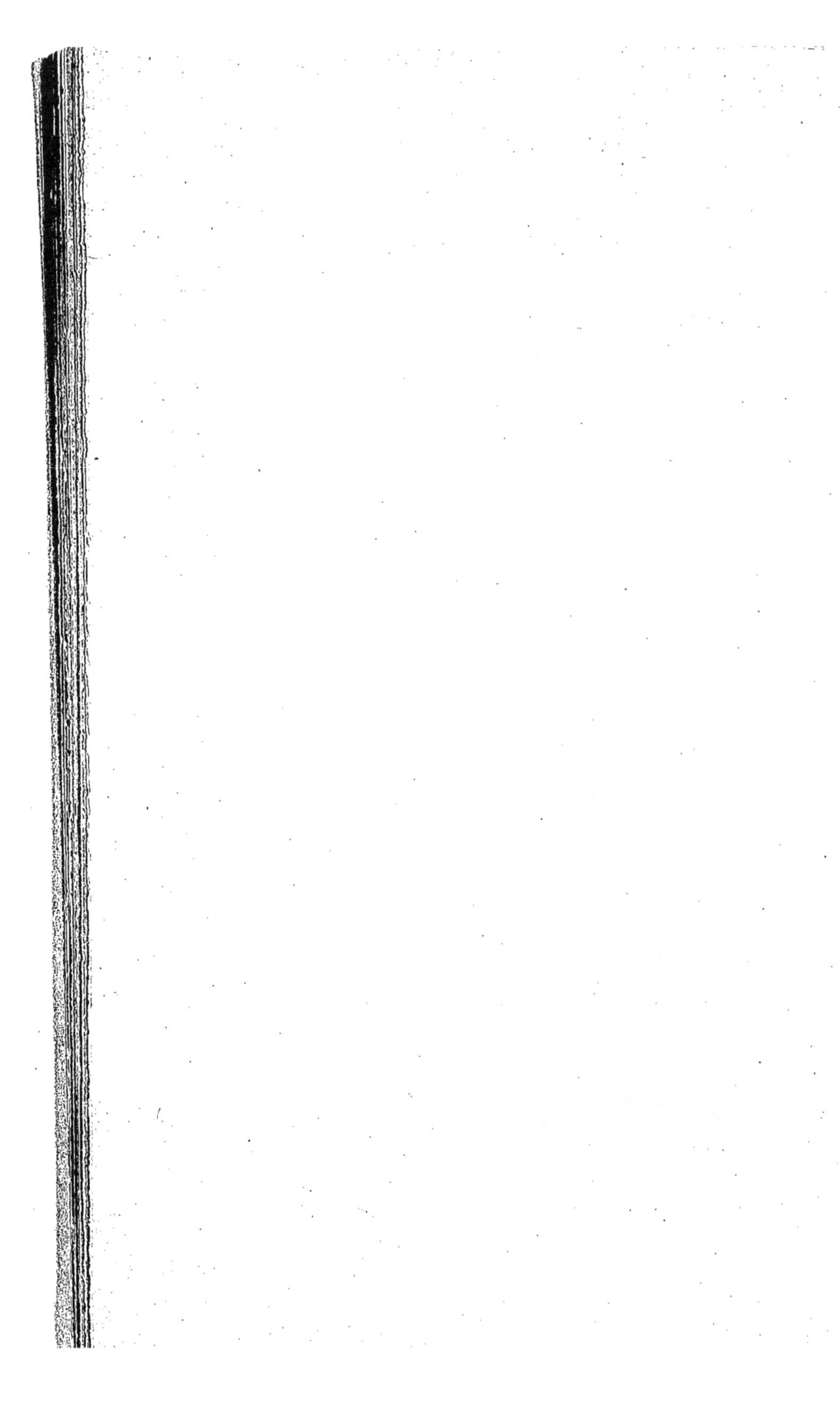

nom du mari, cela paraît étrange au dernier chef.

« Le divorce se fera-t-il à volonté, comme chez les Arabes, qui n'ont guère qu'à se présenter devant le cadi? il y a un tempérament chez les Arabes et le voici : le père de la femme divorcée doit rendre au mari la somme que celui-ci lui a payée en épousant sa fille ; de plus, s'il est avéré que celle-ci s'est mal conduite, le père doit au mari un dédommagement proportionné à sa fortune, aussi la famille de la femme est toujours opposée au divorce, et lorsque celle-ci a des reproches à se faire, elle reçoit de mémorables râclées en réintégrant le domicile paternel, à moins qu'il n'y ait un deuxième mari tout prêt à couvrir le père des déboursés que lui coûte le divorce de sa fille..... »

. . . .

Au mois de septembre 1884, le lieutenant-colonel d'Orcet obtint un congé pour la France. Il ne devait plus retourner en Tunisie, ayant été nommé, pendant ce congé, colonel du 11ᵉ dragons.

Pendant ce dernier voyage de retour, il écrivit d'Alger la lettre suivante :

« Alger, le 16 octobre 1884.

« Je viens de traverser un pays merveilleux dont j'apporte quelques vues qui vous permettront de comprendre mon admiration. Cette province de Constantine est splendide. J'ai fait un détour afin de traverser les gorges de Chabett (lisez du Diable) qui sont une merveille du monde ; figurez-vous pendant 7.800 mètres une route en corniche, serpentant aux flancs de rochers à pic, qui la dominent de 1500 m. en la surplombant parfois ; la vallée n'a souvent pas plus de 50 m. de largeur, et l'on pourrait croire par instants que les rochers vont s'embrasser au-dessus de la tête des voyageurs ; la route chemine en pentes relativement douces, dominant constamment à pic un torrent qui coule à 50 m. au-dessous et suivant parallèlement son cours, de telle façon qu'à l'entrée comme à la sortie de la gorge, la hauteur est sensiblement la même.

« L'on est tellement écrasé par la hauteur

des roches à travers lesquelles on s'avance,
que l'on perd le sentiment du vertige en se
penchant sur le torrent qui coule pourtant à
150 pieds plus bas et où il semble que l'on
pourrait tremper la main, comme l'on croi-
rait, à certains moments, toucher du bout de
sa canne la paroi des rochers de la rive opposée. Dans tous les interstices de la pierre où
la terre a pu s'arrêter, une végétation luxuriante d'arbustes de toutes les nuances, qui
contraste de la plus agréable façon avec les
tons gris, rouges, roses ou bleus des rochers ;
c'est un mélange de beautés et d'horreurs qui
échappent à la description. C'est une danse
macabre de pierres gigantesques chevauchant
les unes sur les autres ; parfois l'on se croit au
fond d'un cul-de-sac sans issue à 50 mètres
devant soi, puis la route tourne brusquement
autour d'un pan de murs gigantesques qui
fermait complètement l'horizon ou s'accroche
aux parois verticales d'un mur qui souvent
surplombe d'une effrayante façon. Au sortir
de la gorge, la route s'enfonce dans une grande
forêt, tantôt montant, tantôt descendant, mais
les pentes qui continuent à dominer l'Oued-

Agrioun se sont sensiblement adoucies ; elles se sont arrondies, et soudain, au débouché de la forêt, l'horizon s'élargit presque immense : c'est la Méditerranée, où il semble que la route va se précipiter. Mais elle tourne brusquement à l'Ouest, coupant par une brèche, qui semble une porte, le cap Oakas où les flots viennent se briser à grand fracas ; à partir de ce point, le chemin court en corniche au-dessus de la mer, pendant 27 kilomètres, tantôt le dominant à pic, tantôt s'en éloignant de quelques deux ou trois cents mètres, suivant les courbes capricieuses de la côte qui se creuse en une vaste baie à l'extrémité nord-ouest de laquelle s'élève Bougie, avec ses maisons blanches, étagées en amphithéâtre, comme toutes les villes de la côte africaine. Quelques taches noires y paraissent çà et là, pêle-mêle avec des massifs verdoyants ; ce sont de vieux forts arabes, des tours gothiques ou d'énormes débris de fortifications romaines, qui sont encore debout, ce sont les jardins de la ville. Tout cela, vu par un ciel bleu et un soleil resplendissant, offre un splendide coup d'œil qui dédommage amplement des déserts que je traversais il y a quelques jours à peine.

« Constantine, que j'avais quittée trente-six heures auparavant, est une ville saisissante qu'il me faudrait un journal pour vous décrire. J'en apporte quelques vues ; en un mot, je suis ravi de mon voyage qui touche à son terme, car cette lettre, qui part sur un bateau parti-culier, va me précéder de 5 ou 6 jours. Le voyage que je viens de faire, à cheval, sur bateau et en voiture, vous est un garant que ma santé n'est pas trop ébranlée. J'ai quitté Gafsa le 7 septembre et je n'ai pris que quel-ques jours de repos à Gabès, Tunis et Constan-tine.

« J'ai été anémié assez fortement pendant les mois de juin et de juillet ; le colonel de la Rocque, qui me porte un affectueux intérêt, s'en est aperçu, dans une tournée qu'il a faite à Gafsa, au mois de juillet. Il m'a donné alors une mission pour Tunis, en priant le général en chef de me faire reposer au bord de la mer pendant quelques jours ; dix-huit jours d'hy-drothérapie m'ont complètement remis, et de fait je n'ai jamais été malade puisqu'en allant de Gafsa à Gabès j'ai pu faire 160 kilomètres en deux nuits et un jour, et que je suis revenu du même train pour précéder le général en chef que j'ai piloté 8 jours durant dans mon cercle. Comme je suis le commandant supérieur qui suis resté le plus longtemps à Gafsa, et comme un de mes prédécesseurs y est mort au bout de 3 mois, les militaires qui ne m'ont pas vu ont pu croire que j'étais à la mort, de là ces cancans qui ont effrayé mes amis, mais m'ont valu en revanche des marques de sympathie aussi flatteuses qu'affectueuses.

« A bientôt donc, bien cher père...

« STANISLAS. »

FIN

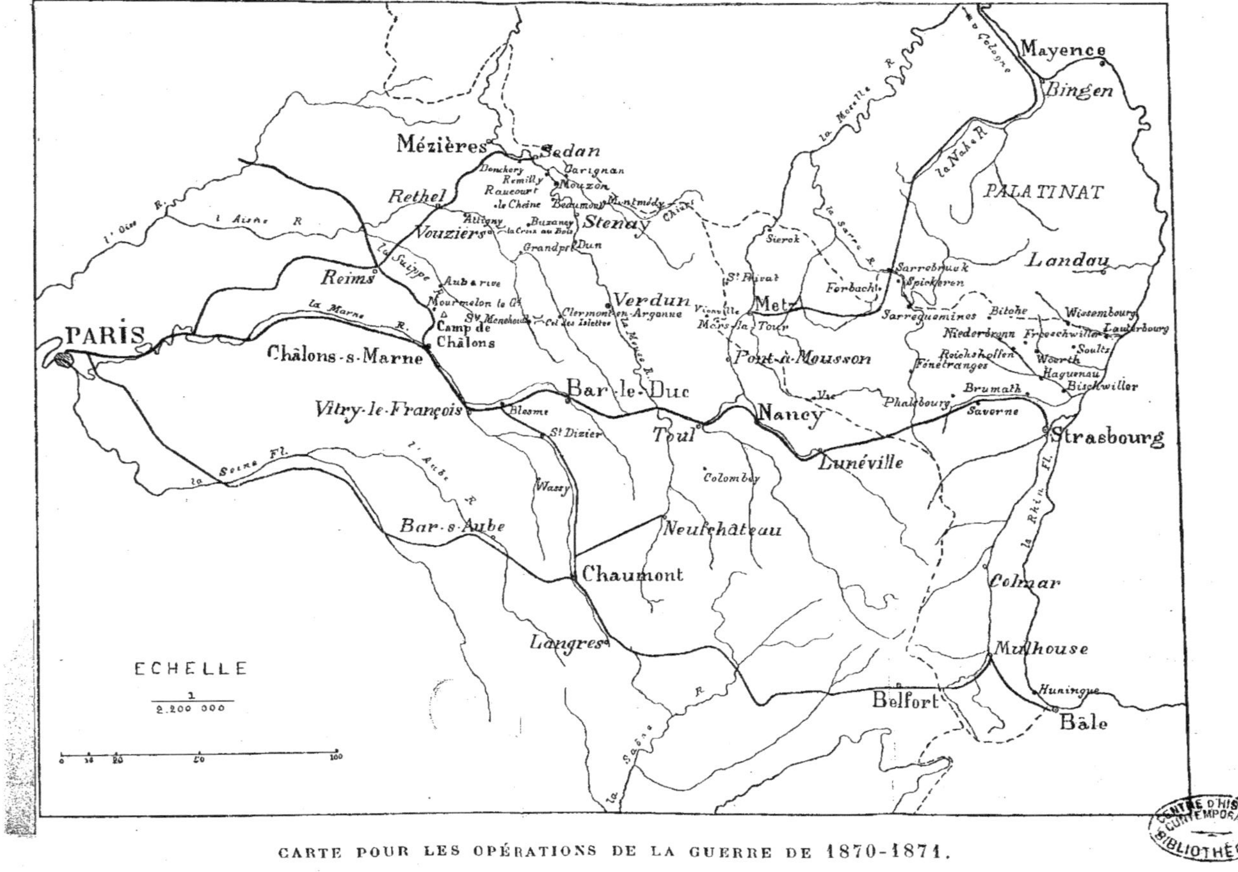

CARTE POUR LES OPÉRATIONS DE LA GUERRE DE 1870-1871.

TABLE DES GRAVURES

LIBRAIRIE ACADÉMIQUE PERRIN ET Cⁱᵉ

AULNOYE (Pierre d'). — **Le Lieutenant de Trémazan. Un officier
de l'Est.** 1 volume in-16.................................. 3 50

COUDERC DE FONLONGUE (Capitaine Georges). — **La Pierre de
Touche. Essai sur l'autorité dans l'armée.** 1 volume in-16. 3 »

— **L'Officier et ses ennemis.** 1 volume in-16................ 2 »

ROLAND (Lieutenant M.). — **L'Éducation patriotique du soldat.**
Préface de George Duruy. 1 volume in-16................. 3 50

GOYAU (Georges). — **L'École d'aujourd'hui.** 1ʳᵉ *série.* 3ᵉ édition.
1 volume in-16.................................. 3 50

— **L'École d'aujourd'hui.** 2ᵉ *série.* — Le péril primaire. — L'École
et la Patrie. — L'École et Dieu. 2ᵉ édition. 1 volume in-16. 3 50

— **L'Idée de Patrie et l'Humanitarisme.** Essai d'histoire française,
1866-1901. 4ᵉ édition. 1 volume in-16.................... 3 50

GONNEVILLE (Colonel de). — **Souvenirs militaires du Colonel de
Gonneville**, publiés par la Comtesse de Mirabeau, sa fille, et pré-
cédés d'une étude par le Général Baron Ambert. Nouvelle édition.
1 volume in-16.................................. 3 50

HOUSSAYE (Henry), de l'Académie française. — **1814,** 57ᵉ édition.
1 volume in-16.................................. 3 50

— **1815. La Première Restauration. — Le Retour de l'île d'Elbe.
— Les Cent-Jours.** 53ᵉ édition. 1 volume in-16.......... 3 50

— **Waterloo.** 59ᵉ édition. 1 volume in-16°................ 3 50

— **La Seconde Abdication. — La Terreur Blanche.** 41ᵉ édition.
1 volume in-16.................................. 3 50

MEZIÈRES (Alfred), de l'Académie française. — **Récits de l'invasion.** *Alsace et Lorraine.* 8ᵉ édition, augmentée. 1 vol. in-12. 3 50

ROUSSET (Camille), de l'Académie française. — **Les Volontaires**
(1791-1794). 5ᵉ édition. 1 volume in-12.................. 3 50

— **La Grande Armée de 1813.** Nouvelle édition. 1 vol. in-12 3 50

JOLICLERC. — **Joliclerc volontaire aux armées de la Révolution.**
Ses lettres (1793-1796) recueillies et publiées par Etienne Joliclerc,
avec une introduction et des notes par Frantz Funk-Brentano.
1 volume in-16 avec gravures.......................... 3 50

MIGNET, de l'Académie française. — **Histoire de la Révolution
française** depuis 1789 jusqu'en 1814. 18ᵉ édition. 2 vol. in-12 7 »

— **Vie de Franklin,** 13ᵉ édition. 1 volume in-12............ 1 25

DARCY (Jean). — **L'Équilibre africain au XXᵉ siècle.** *La Conquête
de l'Afrique.* Allemagne — Angleterre — Congo — Portugal.
1 volume in-16.................................. 3 50

— *France et Angleterre.* **Cent années de Rivalité coloniale.** L'Afrique.
1 volume in-8°.................................. 7 50

— *France et Angleterre.* **Cent Années de Rivalité coloniale. —
L'affaire de Madagascar.** 1 vol. in-8°.................... 4 »

Paris. — Imp. E. Capiomont et Cⁱᵉ, rue de Seine, 57.

Contraste insuffisant

NF Z 43-120-14

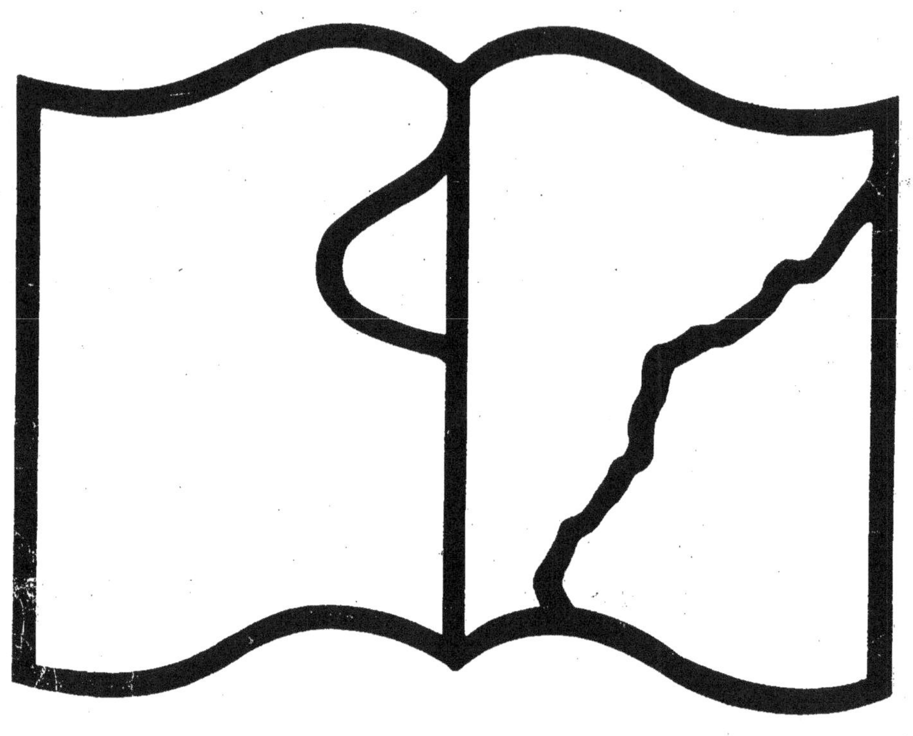

Texte détérioré — reliure défectueuse

NF Z 43-120-11